D1749860

Reihe Wirtschafsrecht für Praktiker

Wer den Schaden hat...
Unverzichtbares Praxiswissen zur Vermeidung der Produktfehlerhaftung

Band 1

Prof. Dr. jur. Josef Scherer
Richter am Landgericht a.D.,
Professor für Unternehmensrecht, Risiko- und Krisenmanagement,
Sanierungs- und Insolvenzrecht
an der Fachhochschule Deggendorf

Johannes Friedrich
Rechtsanwalt

Dipl. Theol. Univ. Peter Schmieder
Wirtschaftsmediator, Managementtrainer

Christina Koller
Rechtsreferendarin

Markus Scholz
Rechtsanwalt

rtw medien verlag 2004

Herausgeber

Prof. Dr. Josef Scherer, Richter am Landgericht a. D., Professor Fachhochschule Deggendorf; **Dr. Dr. Herbert Grziwotz**, Notar, Regen; **Prof. Dr. Herbert Kittl**, Dipl.-Kaufm, Steuerberater, Wirtschaftsprüfer, Rechtsbeistand, Professor Fachhochschule Deggendorf

Herausgeberbeirat

Prof. Dr. Udo Steiner, Richter am Bundesverfassungsgerichts; **Dr. Meo-Micaela Hahne**, Vorsitzende Richterin am Bundesgerichtshof; **Prof. Dr. Jan Wilhelm**, Professor Universität Passau; **Prof. Dr. Hans Paul Bisani**, Dipl.-Kaufm., Bundesbankdirektor a.D.; **Prof. Dr. Reinhard Höpfl**, Dipl.-Physiker, Eur. Ing., Präsident der Fachhochschule Deggendorf; **Karl-Heinz Dietzel**, Präsident des Landgerichts Deggendorf; **Prof. Dr. Wolfgang Reimann**, Notar, Passau.

Scherer / Friedrich / Schmieder / Koller / Scholz

Wer den Schaden hat . . .
Unverzichtbares Praxiswissen zur Vermeidung der Produktfehlerhaftung, Band 1
Deggendorf, rtw medien verlag 2004
ISBN 3 – 937520-00-7

ISBN 3 – 937520-00-7

Druck: Druckerei Kohl, Tirschenreuth

Inhaltsverzeichnis

Kapitel 1: Einführung und Überblick 1

1. Produkthaftungsfall – was nun? 1
2. Wichtige Gebrauchsanleitung und Anmerkungen zu diesem Buch 4
3. Das Schuldrechtsmodernisierungsgesetz 6
4. Wichtige Begriffe 7
   - 4.1 Zivilrecht – Strafrecht 7
   - 4.2 Kaufvertrag 7
   - 4.3 Werkvertrag 8
   - 4.4 Dienstvertrag 8
   - 4.5 „Werklieferungsvertrag" 9
   - 4.6 Gewährleistung, Sachmängelhaftung und Garantie 10
   - 4.7 Verbrauchsgüterkauf 10
   - 4.8 Kaufmann 11
   - 4.9 Lieferkette 12
   - 4.10 Beweislast 13
5. Überblick über die möglichen Folgen von Produktfehlern 16
6. Übersicht über die zivilrechtlichen Folgen von Produktfehlern 18
   - 6.1 Vertragliche Sachmängelhaftung nach §§ 434 ff BGB (seit 01.01.2002 neu – Schuldrechtsreform!) 19
   - 6.2. Deliktische Produzentenhaftung nach § 823 I BGB 19
   - 6.3. Produkthaftung nach dem ProdHaftG 20
   - 6.4 Abschließende Übersicht über die Haftungsrisiken im Bereich des Zivilrechts 21

Kapitel 2: Die vertragliche Sachmängelhaftung (seit 01.01.2002 neu - Schuldrechtsreform!) 22

1. Überblick über die Voraussetzungen der vertraglichen Ansprüche bei Sachmängeln 24

I

Inhaltsverzeichnis

2. Anspruchsgrundlage bei Sachmängeln 24

3. Der Begriff des Sachmangels (neu seit 01.01.2002 – Schuldrechtsreform!) 25

    3.1   Sachmangelbegriff: Vereinbarte Beschaffenheit 26

        3.1.1   Anforderungen an eine Beschaffenheitsvereinbarung 26
        3.1.2   Abgrenzung der bloßen Beschaffenheitsvereinbarung von Zusicherungen und Garantien 28

    3.2   Sachmangelbegriff: Eignung für die vertraglich vorausgesetzte Verwendung 30
    3.3   Sachmangelbegriff: Eignung für die gewöhnliche Verwendung 31
    3.4   Sachmangelbegriff: Öffentliche Äußerungen (neu seit 01.01.2002 – Schuldrechtsmodernisierung!) 32
    3.5   Sachmangelbegriff: Montagemängel (neu seit 01.01.2002 – Schuldrechtsmodernisierung!) 37
    3.6   Sachmangelbegriff: Mangelhafte Montageanleitung (neu seit 01.01.2002 – Schuldrechtsmodernisierung!) 38
    3.7   Sachmangelbegriff: Aliud und Zuweniglieferung (neu seit 01.01.2002 – Schuldrechtsmodernisierung!) 40
    3.8   Sachmangelbegriff: Unerhebliche Mängel (neu seit 01.01.2002 – Schuldrechtsmodernisierung!) 41
    3.9   Sonderfall: Rechtsmängel 43
    3.10   Exkurs: Verschleiß 43
    3.11   Wichtiger Hinweis: Kaufmännische Untersuchungs- und Rügepflicht .. 45

4. Die Rechte des Käufers bei Sachmängeln 46

    4.1   Nacherfüllung (neu seit 01.01.2002 – Schuldrechtsmodernisierung!) 47
    4.2   Rücktritt vom Vertrag 51
    4.3   Minderung 55
    4.4   Schadensersatz 57
    4.5   Aufwendungsersatz 60

5. Die Verjährung kaufrechtlicher Sachmängelrechte 61

6. Beweislastverteilung bei der Sachmängelhaftung 66

7. Der Verbrauchsgüterkauf 69

    7.1   Schutzmantelfunktion 71
    7.2   Beweislastumkehr 73

	7.3	Sonderbestimmungen für Garantien	74
	7.4	Rückgriff des Unternehmers	76

8. Sonderfall: Garantien 80

    8.1   Ausgestaltung der Inhalte einer Garantie 83
    8.2   Ausgestaltung der Rechte aus einer Garantie 84
    8.3   Ausgestaltung beim Verbrauchsgüterkauf 84
    8.4   Rechtliche Folgen einer Garantie 85

        8.4.1   Abhängigkeit von der inhaltlichen und rechtlichen Ausgestaltung 85
        8.4.2   Abhängigkeit von der Person des Begünstigten 86

    8.5   Hinweise für die Handhabung in der Praxis 87

Kapitel 3: Die deliktische Produzentenhaftung nach § 823 I BGB 88

1. Einführung 90

2. Der Begriff des Produkts 92

3. Der Begriff des Produktfehlers 92

4. Der Konstruktionsfehler 94

    4.1   Darstellung des Konstruktionsfehlers 94
    4.2   Abgrenzung zum Entwicklungsfehler 95

5. Der Fabrikationsfehler 96

6. Der Instruktionsfehler 98

    6.1   Der Begriff des Instruktionsfehlers 98
    6.2   Erforderlichkeit und Umfang 99
    6.3   Ausschluss der Informationspflicht 101
    6.4   Kreis der zu instruierenden Personen 105

7. Der Produktbeobachtungsfehler 106

    7.1   Allgemeine Produktbeobachtungspflicht 106
    7.2   Spezielle Pflichten im Zubehörbereich 108

8. Der Zurechnungszusammenhang 110

9. Beweislastverteilung und Verschulden 111

    9.1   Übersicht 111
    9.2   Einzelheiten 113
    9.3   Ausnahmsweise noch weitergehende Beweislastumkehr 115

10. Haftungsumfang und Verjährung 117

11. Kein Haftungsausschluss durch TÜV-Abnahme oder Behörden-Zulassung 118

12. Exkurs: Das neue Geräte- und Produktsicherheitsgesetz 119

    12.1   Allgemeines zum Geräte- und Produktsicherheitsgesetz 120
    12.2   Wesentliche Begriffsbestimmungen im neuen GPSG 121
    12.3   Die Kernregelungen des GPSG 125
    12.4   Befugnisse der Behörden 130

        12.4.1 Übersicht 130
        12.4.2 Die wichtigsten Regelungen im Einzelnen 131

            12.4.2.1   Marktüberwachungskonzept 131
            12.4.2.2   Die wichtigsten Befugnisse im Detail 131
            12.4.2.3   Adressat der behördlichen Maßnahmen 133
            12.4.2.4   Eilverordnungen 133
            12.4.2.5   Informationsveröffentlichung 133

    12. 5 GS- Zeichen und CE- Kennzeichnung 134

        12.5.1 GS- Zeichen 134
        12.5.2 CE- Kennzeichen 135

    12. 6 Zusammenfassung 137

13. Exkurs: Der Einfluss sonstiger Normen zur Produktsicherheit 140

14. Exkurs: Die Haftung wegen Organisationsverschuldens 141

15. Exkurs: Die Haftung für den Verrichtungsgehilfen 142

16. Exkurs: Die Haftung wegen Verletzung eines Schutzgesetzes 146

Kapitel 4: Die Haftung nach dem ProdHaftG 147

1. Einführung 149
2. Der Produktbegriff 149
3. Der Fehlerbegriff 150
4. Rechtsgutsverletzung 151
5. Beweislastverteilung 153
6. Haftungsausschlüsse 155
7. Haftungsumfang und –begrenzungen 157

Kapitel 5: Risikoverringerung durch Haftungsbeschränkungen 158

1. Gesetzliche Haftungsbeschränkungen 159

    1.1 Gesetzliche Haftungsbeschränkungen im Bereich der kaufvertraglichen Sachmängelhaftung 159

        1.1.1 Kenntnis des Käufers 159
        1.1.2 Verletzung der kaufmännischen Untersuchungs- und Rügeobliegenheit gemäß § 377 HGB 160

    1.2 Gesetzliche Haftungsbeschränkungen im Bereich der deliktischen Produzentenhaftung nach § 823 I BGB 164
    1.3 Gesetzliche Haftungsbeschränkungen im Bereich des ProdHaftG 164

2. Individualvertragliche Haftungsbeschränkungen 165

3. Vertragliche Haftungsbeschränkungen durch Allgemeine Geschäftsbedingungen (AGB) 166

    3.1 Begriff der Allgemeinen Geschäftsbedingungen 166
    3.2 Einbeziehung in den Vertrag 168
    3.3 Kollision mit gegnerischen Geschäftsbedingungen 170
    3.4 AGB-Kontrolle 173
    3.5 Haftungsbeschränkung durch AGB im Bereich von Produktfehlern 174

3.5.1 Haftungsbeschränkung durch den Einbau „kleiner Hürden".............. 175
3.5.2 Haftungsbeschränkungen durch Haftungsbegrenzungen.................. 176

   3.5.2.1 AGB-Verwendung gegenüber Unternehmern 176
   3.5.2.2 AGB-Verwendung gegenüber Verbrauchern 177

3.5.3 Haftungsbeschränkung durch Verjährungsverkürzung in AGB 178

   3.5.3.1 Verjährungsverkürzungen in AGB
       gegenüber anderen Unternehmern.. 178
   3.5.3.2 Verjährungsverkürzung in AGB gegenüber Verbrauchern 179

4. Zusammenfassung.. **180**

Stichwortverzeichnis 182

Kapitel 1: Einführung und Überblick

1. Produkthaftungsfall – was nun?

An einem Montagmorgen sucht Dipl.-Ing. **Elias Eberl**, Leiter der Abteilung Forschung und Entwicklung, **Günther Groß** in seinem Büro auf.

Einleitungsbeispiel

Günther Groß ist Geschäftsführer der **Waldmann GmbH**.

Die Waldmann GmbH ist ein mittelständisches Unternehmen mit etwa 30 Mio. EUR Jahresumsatz und beschäftigt 75 Mitarbeiter. Die GmbH stellt **Geräte für den Gastronomie- und Hotelbereich** her und **verkauft** diese an Hoteliers und Hotelketten, an **Groß- und Einzelhändler** aber auch an **private Endverbraucher**.

Elias Eberl teilt dem Geschäftsführer folgenden Sachverhalt mit:

Bei einer internen Qualitätskontrolle habe man einen **Konstruktionsfehler an einem Toaster entdeckt**, welcher sowohl an Unternehmer als auch an Privatleute verkauft werde.

Bei Inbetriebnahme des Toasters könne es zu einem **Kurzschluss** im Gerät kommen. Im Extremfall mag es sogar zu einem Brand kommen, bei dem auch **Menschenleben in Gefahr** geraten können.

Konkrete **Schadensfälle** seien bislang aber nicht bekannt.

Wer den Schaden hat ...

„Ford sucht Einigung mit Unfall-Opfern

Der Automobilhersteller Ford bemühte sich um eine außergerichtliche Einigung mit verunglückten Fahrern seines Geländewagens „Explorer" oder deren Angehörigen. Ford (...) bemühe sich (...) um die Beilegung einer Sammelklage (...) in der 180 Einzelfälle zusammengefasst seien. Im Jahr 2000 waren zahlreiche mit Firestone Reifen ausgerüstete Fahrzeuge in Unfälle verwickelt, weil sich an den Pneus die Lauffläche abgelöst hatte. Firestone, eine Tochter des japanischen Reifenherstellers Bridgestone, hatte daraufhin 6,5 Millionen Reifen zurückgerufen."

(Süddeutsche Zeitung 2003)

„USA: Verurteilung von Chrysler zur Zahlung von Schmerzensgeld.

Der US-Autohersteller Chrysler ist von einem amerikanischen Gericht wegen eines Unfalls zu Zahlung von Schmerzensgeld in Höhe von 262,5 Mio. Dollar (...) verurteilt worden Bei dem Unfall war ein Kind aus dem Auto geschleudert worden und hatte dabei einen Schädelbruch erlitten. Ursache dafür war eine defekte Heckverriegelung (....)"

(Stuttgarter Zeitung vom 10.10.1997)

„Neues Recht: Geschädigte bekommen leichter Geld

Vielen wird es wohl erst in den kommenden Monaten bewusst- das neue Schadensersatzrecht wirkt in all seinen Facetten in die meisten Wirtschaftsbereiche hinein. Geschädigte haben es erheblich leichter, Ansprüche geltend zu machen. „Jetzt müssen Autofahrer, Bahnbetreiber oder Hersteller Schmerzensgeld zahlen- unabhängig von ihrem Verschulden. (...)"

(Passauer Neue Presse vom 29.09.2002)

„Ruiniert per Gesetz?

Rückrufe wegen Produktmängeln verschlingen Milliarden. Die Kosten bedrohen die Existenz der Zulieferer. Neue Gesetze wie US-Tread-Act und Schuldrechtsreform verschärfen die Auflagen. Doch wer zahlt?"

(Automobil Industrie 5/2003)

„Milliarden-Urteil: GM geht in Berufung

Der US-Autohersteller General Motors (GM) will gegen ein Urteil in Berufung gehen, nachdem er 4,9 Milliarden Dollar Schadensersatz an sechs mit einem GM-Auto verunglückte Personen zahlen muss.(...)"

(Passauer Neue Presse vom 12.07.1999)

Diese und andere Berichte aus den Medien gehen Günther Groß sofort durch den Kopf und er gerät in Panik.

Auf solche Krisensituationen sind er und sein Unternehmen nicht vorbereitet:

> ➢ Kann das Unternehmen in Anspruch genommen werden und welche Rechte haben etwaige Geschädigte, wenn es zu einem Unfall und Schaden durch die Inbetriebnahme des Gerätes kommt?

Folgen eines Produkhaftungsfalles?

> ➢ Wie kann er sein Unternehmen vor Ansprüchen schützen?
>
> ➢ Soll er eine Rückrufaktion einleiten?
>
> ➢ Wer trägt dafür die Kosten?
>
> ➢ Besteht ein ausreichender Versicherungsschutz?
>
> ➢ Droht ihm und seinen Mitarbeitern eine persönliche finanzielle Haftung?
>
> ➢ Droht ihnen sogar eine strafrechtliche Verfolgung?
>
> ➢ Ist die Existenz des Unternehmens gefährdet?
>
> ➢ Hat sich die Rechtslage seit der Schuldrechtsmodernisierung zu seinen Lasten verschärft?
>
> ➢ Was passiert, wenn einer der Schäden in den USA oder Kanada auftritt?
>
> ➢ Drohen die gefürchtet hohen Verurteilungen?
>
> ➢ Wie soll er sich jetzt verhalten?

2. Wichtige Gebrauchsanleitung und Anmerkungen zu diesem Buch

These 1: 1. Juristen sind ...

> ... Bedenkenträger, Spielverderber und Bremser!

These 2: 2. Ein Unternehmen braucht...

> ... keine Juristen,
> auftretende Probleme werden über Kulanz gelöst!

These 3: 3. Allgemeine Geschäftsbedingungen und sonstige Verträge ...

> ... sind nicht so wichtig,
> in der Praxis wird ohnehin alles am Telefon gelöst!

Diese Thesen sind zum Teil berechtigt:
Juristen sind tatsächlich Bedenkenträger und solange die Geschäftsbeziehung funktioniert, sind Verträge, Allgemeine Geschäftsbedingungen und juristische Handlungsweisen nicht weiter wichtig.
Probleme können über Kulanz gelöst werden, was gerichtliche Streitigkeiten und damit verbundene Kosten und Zeitverlust sowie persönlichen Stress und Ärger vermeidet.

Aber:
Sobald bei einem der Beteiligten die Existenz auf dem Spiel steht (sobald es also nicht um „Peanuts", sondern um hohe Summen geht), sobald die persönliche Haftung in finanzieller und strafrechtlicher Hinsicht zu diskutieren ist oder sobald es einer der Parteien nur noch „ums Prinzip" geht, ist Kulanz kein Ausweg.

Und:
Es kann durchaus sein, dass der Unternehmer seine Allgemeinen Geschäftsbedingungen nur einmal in zehn Jahren benötigt – dann aber können sie für sein Unternehmen bei enormen Schadensersatzforderungen (etwa bei Serienfehlern!) überlebenswichtig sein.

Darüber hinaus:
Auch wenn **Verträge und Allgemeine Geschäftsbedingungen** nicht gerichtlich durchgesetzt werden sollen, **können** sie doch **die außergerichtliche Verhandlungsposition erheblich stärken** – wie die Erfahrung zeigt, wurden viele Streitigkeiten bereits im Vorfeld durch Hinweis auf die eigenen, wirksamen Klauseln vermieden.

Gibt der Unternehmer in dieser „starken Verhandlungsposition" nach, zeigt sich dies dem Vertragspartner als kulantes Vorgehen – auch dadurch lassen sich Geschäftsbeziehungen pflegen und stärken.

Dieses Buch gibt an vielen Stellen **wichtige Tipps.**
Selbstverständlich sind wir nicht so naiv und blauäugig, zu glauben, dass alle Tipps in jeder Situation immer gänzlich durchzusetzen sind. Die wirksame Vereinbarung ausschließlich der eigenen Allgemeinen Geschäftsbedingungen etwa **hängt** sehr stark **von der** eigenen **wirtschaftlichen Machtposition** in Verhandlungen **ab**.

Praxistipps

Dieses Buch dient aber in solchen Situationen zur **Sensibilisierung**: Das **Risikobewusstsein** muss gefördert werden, um zu wissen, an welchen Stellen nachzuverhandeln ist, um existenzbedrohende Gefahren abzuwenden.

Beispiele

Wer die oben gestellten Fragen ohne weiteres beantworten kann, ist für den Produkthaftungsfall bestens gerüstet.

Wer allerdings bei der Beantwortung der einen oder anderen Frage zögert, dem steht dieses Buch als konkretes Hilfsmittel zur Verfügung.

3. Das Schuldrechtsmodernisierungsgesetz

Neuerungen

Am **01.01.2002** trat die bislang größte **Reform** des Schuldrechts in der mehr als hundertjährigen Geschichte **des Bürgerlichen Gesetzbuches** in Kraft. Das Gesetz zur Modernisierung des Schuldrechts reformierte das Schuldrecht des BGB in einigen Bereichen grundlegend. Die **Änderungen** betreffen im wesentlichen die Bereiche der **Verjährung**, des allgemeinen **Leistungsstörungsrechts** und des Rechts der **Sachmängelhaftung**. Daneben erfolgte eine weitgehende **Integration von Nebengesetzen** (z. B. AGB-Gesetz, Haustürwiderrufsgesetz, Verbraucherkreditgesetz, Fernabsatzgesetz) in das BGB.

Zeitlicher Geltungsbereich

Zeitlicher Geltungsbereich

Nach Art. 229 § 5 EGBGB gelten die Neuregelungen des BGB durch das Schuldrechtsmodernisierungsgesetz für alle ab dem 01.01.2002 entstandenen Schuldverhältnisse. Für zuvor begründete Schuldverhältnisse gelten das BGB und die Nebengesetze in der am 31.12.2001 geltenden Fassung (BGB a.F.).

Dauerschuldverhältnisse

Handelt es sich um **Dauerschuldverhältnisse** (zum Beispiel Abrufvereinbarungen, Mietverträge, Arbeitsverträge etc.), die vor dem 01.01.2002 begründet worden sind, gilt das alte Recht (BGB a.F.) nur bis zum 31.12.2002. Seit dem 01.01.2003 gilt das neue Recht bereits für Alt-Dauerschuldverhältnisse, die noch vor dem 01.01.2002 begründet wurden.

Auswirkungen der Schuldrechtsreform

Auswirkungen auf die Praxis

Die Auswirkungen der Reform des deutschen Schuldrechts sind sehr umfangreich. Dennoch liegen bislang kaum obergerichtliche Entscheidungen – insbesondere solche des BGH – vor. Dies hat seinen Grund im langen Instanzenzug. Da es derzeit im wesentlichen nur – zum Teil sich widersprechende – Aufsätze in der Literatur gibt, ist eine Beobachtung neuerer Entscheidungen unumgänglich.

4. Wichtige Begriffe

4.1 Zivilrecht – Strafrecht

Im **zivilrechtlichen** Verfahren wird die Frage geklärt, ob ein Unternehmen oder ein sonstiger Schadensverursacher aus seinem Vermögen Ersatz an den Geschädigten leisten muss.

Zivilrecht

Im **strafrechtlichen** Verfahren geht es dagegen darum, den Schädiger seitens des Staates (Staatsanwaltschaft, Strafgerichte) durch Geld- oder Freiheitsstrafen zu sanktionieren.

Strafrecht

Beide Verfahren finden grundsätzlich getrennt voneinander statt und können – etwa **wegen unterschiedlicher Beweislastregeln** und unterschiedlicher Voraussetzungen – durchaus zu **unterschiedlichen Ergebnissen** führen.

> **Beispiel:** Im Mordfall „O.J. Simpson" wurden in den USA ebenfalls zwei Verfahren durchgeführt: Während O.J. Simpson im strafrechtlichen Verfahren vom Vorwurf des Mordes an seiner Frau freigesprochen wurde, verurteilte ihn ein Zivilgericht genau deswegen zu Schadensersatz!

Beispiel: „Mordfall O.J. Simpson"

4.2 Kaufvertrag

Durch einen Kaufvertrag verpflichtet sich der Verkäufer, eine Sache zu übergeben und dem Käufer Eigentum daran zu verschaffen; der Käufer muss dafür den vereinbarten Kaufpreis zahlen und die Sache abnehmen (§ 433 BGB). Damit geht es um eine **endgültige Eigentumsverschiebung**, nicht nur um vorübergehende Gebrauchsüberlassungen (wie etwa beim Mietvertrag).

Kaufvertrag, § 433 BGB

> **Beispiel:**[1] Den Toasterlieferungen der Waldmann GmbH liegen Kaufverträge zugrunde. Käufer können sowohl die Hotelketten als auch Großhändler und private Verbraucher sein.

Beispiel

---

[1] **Weitere Beispiele** für Kaufverträge (ohne dogmatische Qualifizierung):
Rechts- und Forderungskauf, Kauf mit Montageverpflichtung, Probekauf, Stück- und Gattungskauf etc.

4.3 Werkvertrag

Werkvertrag, § 631 BGB

Bei diesem Vertragstyp verpflichtet sich der Werkunternehmer gegenüber dem Besteller zur Herstellung eines Werkes (§ 631 BGB) – er verspricht dem Besteller also das Erreichen eines bestimmten **Erfolges**.

Beispiel

Beispiel:[2] Die Waldmann GmbH führt Wartungsarbeiten an einer von ihr gelieferten Gastronomiespülmaschine durch.

4.4 Dienstvertrag

Dienstvertrag, § 611 BGB

Im Gegensatz zum Werkvertrag wird beim Dienstvertrag kein Erfolg, sondern nur ein **„redliches Bemühen"**, ein Dienst, geschuldet.

Beispiele

Beispiel 1: Die Waldmann GmbH berät Hoteliers hinsichtlich der bestmöglichen optischen Gestaltung von Speiseräumen.

Beispiel 2:[3] Die Verträge der Waldmann GmbH mit ihren Mitarbeitern sind spezielle Dienstverträge, nämlich Arbeitsverträge.

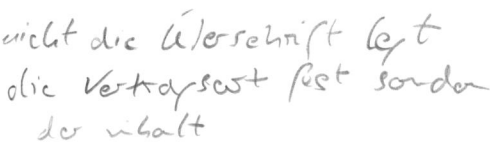

---

[2] **Weitere Beispiele** für Werkverträge: Bau- und Architektenverträge, Gutachtervertrag, Reparaturaufträge, Gebäudereinigungsverträge, Postdienstleistungen, Programmierung individuell angepasster Software, Anzeigenverträge, Auskunfteiverträge etc.

[3] **Weitere Beispiele** für Dienstverträge: Arztverträge, Rechtsanwalts- und Steuerberatungsverträge, Beraterverträge, Bewachungsverträge etc.

4.5 „Werklieferungsvertrag"

Hier geht es um die Übereignung einer Sache, die erst noch herzustellen oder zu erzeugen ist (§ 651 BGB).

Im Gegensatz zum alten Schuldrecht ist der Werklieferungsvertrag seit dem 01.01.2002 **keine eigenständige Vertragsart** mehr. § 651 BGB dient jetzt nur noch als **Verweisungsnorm**; er besagt, ob Kauf- oder Werkvertragsrecht anwendbar ist.

Die frühere komplizierte Gesetzeslage beim Werklieferungsvertrag wurde wesentlich vereinfacht. Schlagwortartig lässt sich folgendes ausführen:

- Geht es um bewegliche Sachen, verweist § 651 BGB auf Kaufrecht.[4]
- Geht es um unbewegliche Sachen, ist Werkvertragsrecht anwendbar.

Beispiel 1: Verpflichtet sich die Waldmann GmbH zum Neubau eines speziell nach Kundenwünschen zu konstruierenden Gastronomiespülers, ist Kaufvertragsrecht anwendbar, weil es sich um bewegliche Sachen handelt und die Spüler nicht fester Bestandteil des Gebäudes werden.

Beispiel 2:[5] Nimmt die Waldmann GmbH dagegen Reparaturen an einem bereits ausgelieferten Gastronomiespülers (außerhalb der Nacherfüllung!) vor, handelt es sich um einen Werkvertrag; § 651 BGB kommt überhaupt nicht zur Anwendung, da keine „neue Sache" hergestellt wird.

Marginalien:
„Werklieferungsvertrag", § 651 BGB

Keine eigenständige Vertragsart!

Praxistipp

Beispiele

---

[4] Die Frage, ob eine bewegliche Sache **„vertretbar"** ist, hat nur noch insofern Bedeutung, als im Falle der Unvertretbarkeit einige werkvertragliche Vorschriften (*nicht* aber etwa Vorschriften über die Sachmängelhaftung!) neben dem Kaufrecht Anwendung finden (§ 651 S. 2 BGB). Eine Sache ist dann **nicht vertretbar**, wenn sie den Bestellerwünschen angepasst ist und deshalb individuelle Merkmale besitzt, also nicht austauschbar ist.

[5] **Weitere Beispiele für** § 651 BGB: Fertighausvertrag (Werkvertrag), Erstellung oder Reparatur eines Bauwerks (Werkvertrag), Lieferung einer Einbauküche inkl. Montage (Kaufvertrag), Herstellung eines Spezialfahrzeuges (Kaufvertrag) etc.

4.6 Gewährleistung, Sachmängelhaftung[6] und Garantie[7]

Diese drei Begriffe werden in der Praxis häufig verwechselt und fälschlich verwendet. Dazu ist folgendes bereits an dieser Stelle zu bemerken:

Praxistipp

- Den Begriff der „Gewährleistung" gibt es seit der Schuldrechtsreform nicht mehr – Gewährleistung heißt jetzt „Sachmängelhaftung".[8]

- Garantie und Sachmängelhaftung sind zwei verschiedene Dinge: Aus einer Garantie folgt eine weitaus schärfere Einstandshaftung.

- In der Praxis sollten Sie als Verkäufer den Begriff der „Garantie" daher ganz aus Ihrem Wortschatz streichen und auch Ihre Mitarbeiter entsprechend instruieren!

- Sprechen Sie stattdessen nur noch von „gesetzlicher Sachmängelhaftung".

- Bei Aussagen und Auskünften gegenüber Ihren Geschäftspartnern sollten Sie daher äußerste Zurückhaltung an den Tag legen, sofern Sie hinsichtlich der rechtlichen Bedeutung nicht absolut sicher sind.

- Die Lektüre dieses Buchs und insbesondere des Kapitels über Garantien kann Sie vor ungewollten Haftungsfällen schützen.

4.7 Verbrauchsgüterkauf

Verbrauchsgüterkauf, §§ 474 ff BGB

Beim Verbrauchsgüterkauf geht es nicht um den Kauf von Verbrauchsgütern – gemeint ist ein **Kaufvertrag über eine bewegliche Sache zwischen einem Unternehmer (§ 14 BGB) als Verkäufer und einem Verbraucher (§ 13 BGB) als Käufer (§ 474 ff BGB).**

---

[6] Mehr zur Sachmängelhaftung: Kapitel 2.
[7] Mehr zur Garantie: Kapitel 2 Ziffer 8.
[8] Sofern Sie weiterhin den Begriff der „Gewährleistung" verwenden, ist damit die „Sachmängelhaftung" gemeint; der „verbale Ausrutscher" ist *hier* ohne rechtliche Bedeutung. *Anders* kann dies bei Garantie und Zusicherung sein!

4.8 Kaufmann

Kaufmann ist **jeder**, der ein **Handelsgewerbe** betreibt, also einen **Gewerbebetrieb**, der nach Art und Umfang einen in kaufmännischer Weise eingerichteten Geschäftsbetrieb erfordert, § 1 HGB.

Kaufmannsbegriff, § 1 HGB

Die früheren Begriffe des Voll- und Minderkaufmanns gibt es seit der Reform des HGB nicht mehr.

Ein in kaufmännischer Weise eingerichteter Gewerbebetrieb ist nur bei **Kleingewerbetreibenden** nicht nötig – sie sind dann keine Kaufleute, wenn sie nachweisen können, dass sie nur ein Kleingewerbe betreiben (Beweislastumkehr!).[9]

Kleingewerbetreibende

Wer im **Handelsregister** eingetragen ist, ist ohnehin Kaufmann (§ 5 HGB); gleiches gilt für die OHG und KG sowie für die GmbH und die AG (§ 6 HGB, § 1 GmbHG, § 1 AktG).

Handelsregister

---

[9] Vgl. zur Abgrenzung: Steffen Kögel: Der nach Art und Umfang in kaufmännischer Weise eingerichtete Geschäftsbetrieb – eine unbekannte Größe? in: DB 1998, 1802 ff.

4.9 Lieferkette

Lieferkette — Unter dem Begriff der Lieferkette versteht man den bildlichen Weg einer Ware vom Ursprung bis hin zum Endverbraucher.

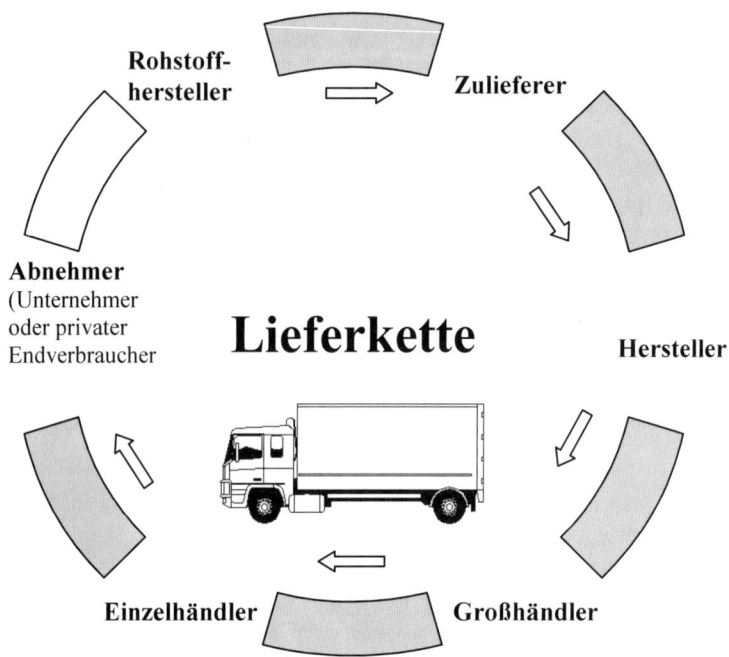

4.10 Beweislast

Der Begriff der Beweislast ist **in gerichtlichen Verfahren wichtig**: Er besagt, wer welche Tatsachen darlegen und diese gegebenenfalls auch beweisen muss. Gelingt der Beweis nicht, gilt die Tatsache als nicht existent.

Beweislast

| Faustformel: | Jede Partei hat diejenigen Tatsachen zu beweisen, die für sie günstig sind. |

Praxistipp

Von dieser Faustformel gibt es gerade **im Bereich der Produkthaftung** aus Gründen des Opferschutzes einige **Ausnahmen**.[10]

Um der Beweislast nachkommen zu können, ist **im Vorfeld** die **Beweiserlangung und -sicherung** dringend nötig. Dies betrifft den Bereich der **Dokumentation**.[11]

Beweiserlangung und -sicherung

Achten Sie darauf, dass wichtige Schriftstücke „beweissicher" zugehen.

Einfach nur Einwerfen, so geht es beim „normalen" Brief. Was passiert aber, wenn der Empfänger nicht zu Hause ist, z. B. im Urlaub ist, und behauptet, dass er den Brief nicht erhalten hat, Sie aber beweisen müssen, dass der Brief zugegangen ist? Viele verlassen sich gerade bei wichtigen Briefen deshalb auf das **Einschreiben**. Jedoch gibt es auch hier einige Dinge zu beachten.

Wann ist ein Brief zugestellt?

Welchen Beweiswert haben Einschreiben?

Tipps zur Beweissicherung für den Zugang wichtiger Schreiben:

- Wer im Streitfall nachweisen will, dass der Empfänger das Schreiben erhalten hat, dem kann das Versenden mittels **Einschreiben** hilfreich bei der Beweissicherung sein. Es gibt zwei Grundtypen von Einschreiben, das Einschreiben mit Rückschein und das „klassische" Einschreiben.

Praxistipp

---

[10] Dazu später in den einzelnen Kapiteln mehr.
[11] Lesen Sie mehr hierzu in Scherer/ Friedrich/ Schmieder/ Koller: Wer den Schaden hat... Unverzichtbares Praxiswissen zur Vermeidung der Produktfehlerhaftung, *Band 2*, rtw medien Verlag, Deggendorf 2004.

Einschreiben mit Rückschein	- Das **Einschreiben mit Rückschein** sichert die kräftigsten Beweise, weil der Empfänger selbst unterschreiben muss. Beim Einschreiben mit Rückschein muss der Postbote den Empfänger antreffen. Er muss ihm den Brief *übergeben*. Erst dann ist der Zugang erfolgt. Der Empfänger bestätigt mit seiner Unterschrift, den Brief erhalten zu haben. Der Rückschein ist für den Absender ein zusätzlicher Nachweis.
Keine Verpflichtung zur Abholung des Einschreibens	- **Problematisch** wird es aber, wenn der Empfänger nicht zu Hause ist, sich zum Beispiel im Urlaub befindet, und der Postbote das Schreiben daher nicht übergeben kann. Dann nützt selbst der Rückschein nichts. Das Einschreiben wird bei der Post gelagert. Der **Empfänger ist nicht verpflichtet, das Einschreiben abzuholen**, er erhält lediglich eine Benachrichtigung, dass ein Einschreiben für ihn bereit liegt, jedoch enthält diese Benachrichtigung nicht schon den Inhalt des Schreibens.[12] Nach sieben Tagen wird es schließlich zurückgeschickt, wenn der Empfänger das Schreiben nicht abholt und dies bedeutet ein Risiko für den Absender. Nur, wenn der Empfänger weiß, dass er eine wichtige Mitteilung per Einschreiben erhalten wird, gilt das Schreiben als zugestellt, egal, ob er es abholt oder nicht.
„Einwurf-Einschreiben"	- Es empfiehlt sich deshalb der Einfachheit halber das sogenannte "**Einwurf-Einschreiben**". Hier wirft der Briefträger das Einschreiben mit der Post ein. Der Postbote quittiert sodann den Einwurf.
	- Und: Auch der **Rückschein kann nicht alles beweisen**. Behauptet zum Beispiel der Empfänger, dass im Umschlag nur ein leeres Blatt Papier gewesen sei, so gilt: den Inhalt kann ein Einschreiben nicht beweisen.
Zeugen: z.B. Boten	- Sinnvoll ist der Beweis durch **Zeugen**, dass sich das zu übermittelnde Schreiben tatsächlich in dem Einschreibebrief befand. Mit einem „einfachen" Brief kann zwar die oft notwendige Schriftform gewahrt werden und der Inhalt des Schreibens lässt sich im Gegensatz zur mündlichen Erklärung eindeutig nachweisen. Es gibt allerdings noch keinen gerichtlich anerkannten Grundsatz, nach dem versandte Briefe den Absender erreichen. Es empfiehlt sich also die **Übergabe** durch einen **Boten** bzw. den Einwurf in den Briefkasten durch den Boten, nachdem zuvor der Inhalt kopiert, vom Boten gelesen und anschließend die Übergabe mit Datum und lesbarer Unterschrift vom Boten protokolliert wurde.

---

[12] Nach einem Urteil vom 05.07.2001 des Arbeitsgerichts Stuttgart zum Beispiel ist der hinterlassene Benachrichtigungszettel kein Beweis für die Zustellung, Az: 21 Ca 2762/01.

- **Telefax-Schreiben** haben einen geringeren Beweiswert als Original-Urkunden. Insbesondere beweist die Vorlage einer Telekopie trotz der Absender –Kennung noch nicht, dass das Schreiben tatsächlich vom angeblichen Absender stammt. Mit technischen Tricks lassen sich **Telefax-Sendungen** nur unschwer manipulieren. Kein Verlass ist insbesondere auf die Absender- und Empfängerkennung, sowie auf die Echtheit der fernkopierten Unterschrift. Wenn also unklar bleibt, ob ein Fax tatsächlich von dem darin angegebenen Absender stammt, dann kann sich der Inhaber nicht auf die echten Urkunden übliche Beweiskraft berufen.

  Telefax

- **Das Computer-Fax** wird unmittelbar aus dem Computer erzeugt. Es kann aber keine Originalunterschrift tragen, da die eigenhändige Unterschrift ausschließlich auf dem Ausdruck angebracht werden kann. Häufig findet man am Ende solcher Telefaxe einen Satz, der darauf hinweist, dass *„dieses Telefax im Computer erzeugt wurde und ohne Unterschrift gültig ist"*. Hier ist jedoch Vorsicht geboten: Dieser Satz resultiert aus dem auf Behördenschreiben enthaltenen Hinweis, dass deren Schreiben mittels einer EDV-Anlage erzeugt wurde und daher ohne Unterschrift wirksam ist. Die Verwaltung kann hierfür aber eine gesetzliche Ausnahmeregelung zur Erfüllung der Schriftform in Anspruch nehmen, die dem **Privatmann nicht zur Verfügung** steht. Sofern also die eigenhändige Unterschrift zur Einhaltung der Form erforderlich ist, erfüllt zum Beispiel auch ein eingescannter Schriftzug nicht die Anforderungen an das Original einer Unterschrift.

  Computer-Fax

- Eine **E-Mail** erfüllt ohne digitale Signatur keinerlei Formanforderungen.[13]

  E-Mail

- Den Beweiszweck des Zugangs erfüllt natürlich auch eine **schriftliche Empfangsbestätigung** des Empfängers (vorausgesetzt, dieser ist bereit, sie auszustellen).

  Schriftliche Empfangsbestätigung

---

[13] Ein E-Mail-Nutzer, der seine E-Mail-Adresse im Geschäftsverkehr nutzt, muss den unterbliebenen Zugang elektronischer Mitteilungen von Kunden beweisen. Ein Zugang einer E-Mail ist in diesen Fällen am Tag des Eingangs in den elektronischen Briefkasten anzunehmen, vgl. LG Nürnberg-Fürth, Urteil vom 07.05.2002 – 2 HK O 9434/01.

5. Überblick über die möglichen Folgen von Produktfehlern

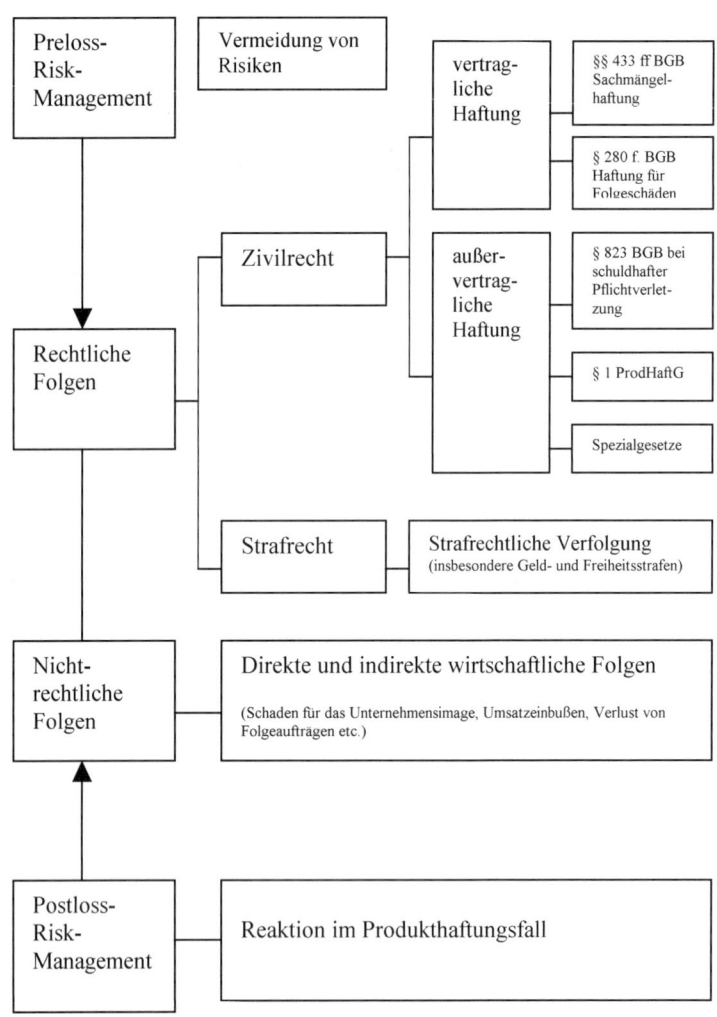

Das so genannte **Preloss-Risk-Management** will die Entstehung von Fehlern bereits im Vorfeld vermeiden (präventive Kontrolle). Sollte es zu Produkthaftungsfällen kommen, ist die Stunde für ein optimales **Postloss-Risk-Management** gekommen: Nun gilt es, die negativen Folgen möglichst gering zu halten (Reaktion bei Krisen).

Preloss-Risk

Postloss-Risk

Bei Produktfehlern sind **rechtliche und nichtrechtliche Folgen** zu unterscheiden:

Rechtliche und nichtrechtliche Folgen bei Produktfehlern

Außerhalb des rechtlichen Bereichs können Produktfehler direkte und indirekte wirtschaftliche Folgen zeitigen. Zu nennen sind insbesondere *Imageschäden* sowie *Umsatz- und Gewinneinbußen*, bei Aktiengesellschaften *Kursrutsche*.

> **Beispiel:** Bekannt geworden sind die Sammelklagen gegen den **Pharma-Konzern Bayer** in den USA im Zuge der Todesfälle durch den Gebrauch eines Cholesterin-Senkers („**Lipobay**"). Bayer drohen dabei Strafen in Milliardenhöhe.[14]
>
> Der Chemie- und Pharmakonzern Bayer sieht sich mit mehr als 2.000 Klagen in Zusammenhang mit dem Cholesterinsenker Lipobay konfrontiert. Im Spätsommer 2001 zog Bayer die Notbremse und nahm seinen Cholesterinsenker vom Markt. Weltweit kam es zu mehreren hundert Todesfällen, dem Medikament wurde zumindest eine Mitschuld gegeben. Der Vorwurf an Bayer: mangelnde Aufklärung, unzureichende Warnhinweise und schlechtes Krisenmanagement.
>
> Bis zur Marktrücknahme war Lipobay noch eines der erfolgreichsten Medikamente des Konzerns. Der Jahresumsatz mit Lipobay betrug rund eine Milliarde Euro. Neben dem Vertrauensverlust hatte Bayer auch finanziell mit den Folgen des Skandals zu kämpfen. Trotz leichter zwischenzeitlicher Gewinne lag der Kurs der Aktie knapp ein Jahr nach dem Rückzug des Produkts mit knapp 22 Euro um **rund 40 Prozent unter dem Kurs** vom 08.August 2001.

Beispiel: „Lipobay"

Im rechtlichen Bereich kann es zu einer zivilrechtlichen und einer strafrechtlichen Haftung kommen.

---

[14] dpa-AFX vom 7.8.2002.

6. Übersicht über die zivilrechtlichen Folgen von Produktfehlern

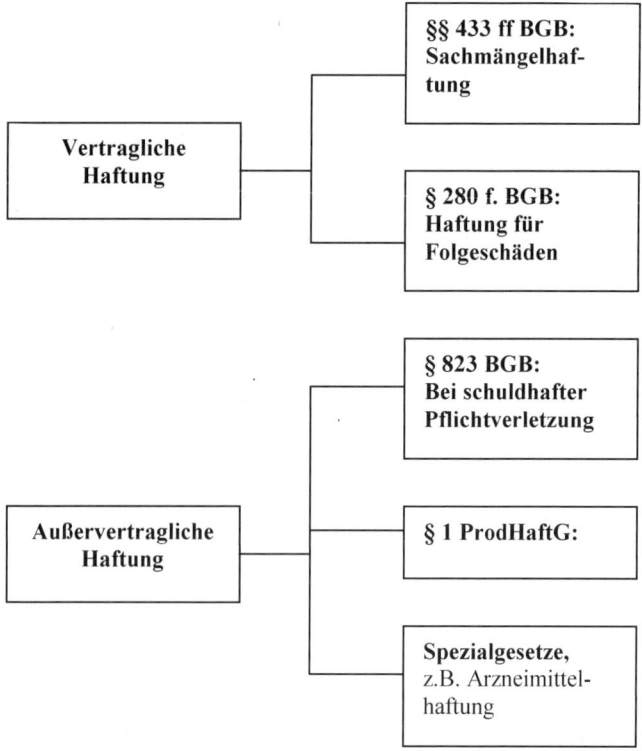

Im Bereich des Zivilrechts gibt es grundsätzlich drei rechtliche Risikobereiche, die einen Unternehmer, der Produkte herstellt oder vertreibt, betreffen können:

- Vertragliche Sachmängelhaftung
- Deliktische Produzentenhaftung nach § 823 I BGB
- Produkthaftung nach dem ProdHaftG

6.1 Vertragliche Sachmängelhaftung nach §§ 434 ff BGB (seit 01.01.2002 neu – Schuldrechtsreform!)

Im Bereich der vertraglichen Haftung gibt § 437 BGB **dem Käufer** bei Vorliegen eines Mangels an der Kaufsache **folgende Rechte** an die Hand:

> - Nacherfüllung[15] (= Beseitigung des Mangels oder Lieferung einer mangelfreien Sache)
> - Rücktritt[16] *oder* Minderung[17]
> - *und* Schadens[18]- oder Aufwendungsersatz[19]

Voraussetzung ist aber **stets**, dass zwischen Anspruchsteller und Anspruchsgegner ein **wirksamer Kaufvertrag** geschlossen wurde. Daher wird die Haftung auch als **vertragliche** bezeichnet (obgleich sie sich ebenfalls aus dem Gesetz ergibt, §§ 434 ff BGB).

Vertragliche Sachmängelhaftung, §§ 434 ff BGB

Rechte des Käufers

6.2 Deliktische Produzentenhaftung nach § 823 I BGB

Bei der deliktischen Produzentenhaftung nach § 823 I BGB ist dagegen ein **schuldhafter Pflichtverstoß** des Unternehmers erforderlich, der zu einem **Produktfehler** und demzufolge zu einer **Schädigung** führt.

Hier kann der Geschädigte ebenfalls Vertragspartner sein, er muss es aber nicht: Vielmehr hat jeder Geschädigte prinzipiell einen Anspruch aus § 823 I BGB, ein **Vertragsverhältnis ist nicht nötig**. Damit besteht die Möglichkeit der **Durchgriffshaftung**[20] auf den Verursacher.

Deliktische Produzentenhaftung, § 823 I BGB

Außervertraglich

Durchgriffshaftung

---

[15] Nach §§ 437 Nr.1, 439 BGB.
[16] Nach §§ 437 Nr. 2, 440, 323, 326 V BGB.
[17] Nach §§ 437 Nr. 2, 441 BGB.
[18] Nach §§ 437 Nr.3, 440, 280, 281, 283, 311 a BGB.
[19] Nach § 284 BGB.
[20] Der Begriff der Durchgriffshaftung wird im weitesten Sinne verwendet.

Beispiel

> **Beispiel:** Der Geschädigte muss sich nicht unbedingt an seinen unmittelbaren Verkäufer halten. Er kann vielmehr im Rahmen der Lieferkette auch auf den Hersteller beziehungsweise Schadensverursacher (also unter Umständen auch den Mitarbeiter im Unternehmen) direkt zugreifen: Durchgriff

Deshalb spricht man hier von einer **außervertraglichen Haftung**. Sie basiert ausschließlich auf einer **schuldhaften Pflichtverletzung**, also auf einer **unerlaubten Handlung**, auf einem „**Delikt**". Daher wird diese Haftung auch **deliktische Produzentenhaftung** genannt.

6.3 Produkthaftung nach dem ProdHaftG

ProdHaftG

Produkthaftung im engeren Sinne meint dagegen Ansprüche aus dem **Produkthaftungsgesetz** (ProdHaftG).

Auch hier ist es nicht erforderlich, dass zwischen Unternehmer und Hersteller ein Vertrag besteht (Durchgriffshaftung). Allein das **Inverkehrbringen** eines gefährlichen Produkts kann die Haftung auslösen. Es handelt sich also ebenfalls um eine **außervertragliche Haftung**.

Verschuldens-*un*abhängige Haftung

Im Gegensatz zur deliktischen Produzentenhaftung ist sie aber **verschuldens*un*abhängig**.

Weiterer **Unterschied** zur Haftung nach § 823 I BGB: Ansprüche aus dem ProdHaftG können nur dann geltend gemacht werden, wenn die durch das fehlerhafte Produkt beschädigte **Sache für den privaten Ge- oder Verbrauch** bestimmt war und dafür auch überwiegend benutzt wurde.

6.4 Abschließende Übersicht über die Haftungsrisiken im Bereich des Zivilrechts

Mangel des Produkts		
Vertragliche Sachmängelhaftung	**Deliktische Produzentenhaftung**	**Produkthaftung im engeren Sinne**
§§ 434 ff BGB	§ 823 I BGB	§ 1 I 1 ProdHaftG
Keine Durchgriffshaftung	Durchgriffshaftung auf Schadensverursacher	Durchgriffshaftung auf Schadensverursacher
Haftung nur gegenüber Vertragspartner – daher Kaufvertrag als Voraussetzung!		
Anspruchsteller: Jeder Käufer	**Anspruchsteller:** Jeder Geschädigte	**Anspruchsteller:** Jeder Geschädigte. Bei Sachschäden nur, sofern die beschädigte Sache zum privaten Ge- oder Verbrauch hergestellt und dazu auch benutzt wurde.

Kapitel 2: Die vertragliche Sachmängelhaftung
(seit 01.01.2002 neu- Schuldrechtsreform!)

Weiterführende Literatur:

Literatur

Bitter/ Meidt, Nacherfüllungsrecht und Nacherfüllungspflicht des Verkäufers im neuen Schuldrecht, ZIP 2001, 211 ff; *Derleder,* Mängelrechte des Wohnraummieters nach Miet- und Schuldrechtsreform, NZM 2002, 676 ff; *Führich,* Reisevertrag nach modernisiertem Schuldrecht, NJW 2002, 1082 ff; *Grunewald,* Rechts- und Sachmängelhaftung beim Kauf von Unternehmensanteilen, NZG 2003, 372 ff; *Harm,* Das neue Kaufrecht, NJW 2002, 241 ff; *Häublein,* Der Beschaffenheitsbegriff und seine Bedeutung für das Verhältnis der Haftung aus culpa in contrahendo zum Kaufrecht, NJW 2003, 388 ff; *Huber,* Der Nacherfüllungsanspruch im neuen Kaufrecht, NJW 2002, 1004 ff; *Huber, Huber/ Faust,* Schuldrechtsmodernisierung, 1. Auflage, C.H. Beck, München, 2002 S. 290 ff; *Lehmann,* Die Haftung für Werbeangaben nach neuem Schuldrecht, DB 2002, 1090 ff; *Lorenz,* Rücktritt, Minderung und Schadensersatz wegen Sachmängeln im neuen Kaufrecht: Was hat der Verkäufer zu vertreten?, NJW 2002, 396 ff; *Lorenz/ Riehm,* Lehrbuch zum Neuen Schuldrecht, 1. Auflage, C.H. Beck, München 2002, Rn. 480 ff; *Pause,* Auswirkungen der Schuldrechtsmodernisierung auf den Bauträgervertrag, NZBau, 2002, 648 ff; *Petersen,* Die Nacherfüllung, JURA 2002, 275 ff; *Reischl,* Grundfälle zum neuen Schuldrecht, JuS 2003, 865 ff; *Schubel,* Schuldrechtsmodernisierung 2001/ 2002 - Das neue Kaufrecht, JuS 2002, 313 ff; *Schudnagies,* Das Werkvertragsrecht nach der Schuldrechtsreform, NJW 2002, 396 ff; *Schwartze,* Europäische Sachmängelgewährleistung beim Warenkauf, 1. Auflage, Mohr Siebeck, Tübingen, 2000, *Teichmann,* Schuldrechtsmodernisierung 2001/ 2002- Das neue Werkvertragsrecht, JuS 2002, 396 ff; *von Wilmowsky,* Pflichtverletzungen im Schuldverhältnis, Beilage zu Heft 1/ 2002 der JuS, 18 ff; *Wagner,* Mangel- und Mangelfolgeschaden nach neuem Schuldrecht, JZ 2002, 461 ff; *Weitnauer,* Der Unternehmenskauf nach neuem Kaufrecht, NJW 2002, 2511 ff; *Zimmer/ Eckhold,* Das neue Mängelgewährleistungsrecht beim Kauf, JURA 2002, 145 ff.

Übersicht: **Schematische Darstellung der vertraglichen Sachmängelhaftung:**

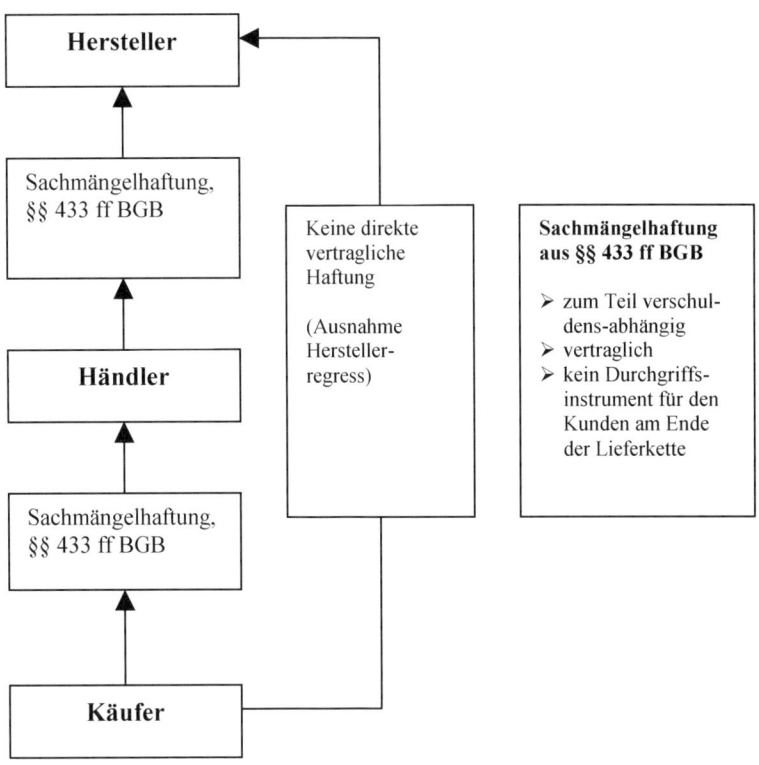

1. Überblick über die Voraussetzungen der vertraglichen Ansprüche bei Sachmängeln

Überblick über die Voraussetzungen der vertraglichen Ansprüche:

Voraussetzungen

1. Wirksamer Kaufvertrag über eine Sache;
2. Vorliegen eines Sach- oder Rechtsmangels
3. im Zeitpunkt des Gefahrübergangs;
4. Besondere Voraussetzungen der einzelnen Rechte

Will ein Käufer im Bereich der kaufvertraglichen Sachmängelhaftung Ansprüche geltend machen, müssen oben genannte Voraussetzungen erfüllt sein.

2. Anspruchsgrundlage bei Sachmängeln

Kaufvertrag

Grundlage des Anspruchs aus der kaufvertraglichen Sachmängelhaftung ist dabei ein wirksamer **Kaufvertrag im Sinne des § 433 BGB**.

„Werklieferungsvertrag"

Ausreichend ist es auch, wenn ein **Werklieferungsvertrag[21] im früheren Sinne** vorliegt, auf welchen nach § 651 BGB Kaufrecht Anwendung findet. Dies ist der Fall, sofern es um die Lieferung erst noch herzustellender oder zu erzeugender beweglicher Sachen geht, § 651 S. 1 BGB.

§ 437 BGB

Sofern aber einmal die Weichen zum Kaufrecht gestellt sind und ein Sachmangel vorliegt, ergeben sich die Ansprüche aus **§ 437 BGB in Verbindung mit den dort zitierten Normen**. Dies ist also Grundlage eines Anspruchs aus der vertraglichen Sachmängelhaftung.

---

[21] Vgl. Kapitel 1 Ziffer 4.5.

3. Der Begriff des Sachmangels
(neu seit 01.01.2002 – Schuldrechtsreform!)

Geschäftsführer Günther Groß beruft alle Abteilungsleiter der Waldmann GmbH zu einer Sitzung ein, um ihnen aufzuzeigen, welche neuen Gefahren durch die Reform des Schuldrechts drohen. Insbesondere will er ihnen näher bringen, was nach neuem Recht ein Sachmangel ist.

Beispiel

Wann eine Sache einen Mangel hat, bestimmt **§ 434 BGB**.

Danach lässt sich tabellarisch folgende Übersicht anfertigen:

Norm im BGB	Beschreibung des Sachmangels	Sachmangel, § 434 BGB
§ 434 I 1	Fehlen der vereinbarten Beschaffenheit	
§ 434 I 2 Nr. 1	Ungeeignetheit für die vertraglich vorausgesetzte Verwendung	
§ 434 I 2 Nr. 2	Ungeeignetheit für die gewöhnliche Verwendung	
§ 434 I 3	Abweichung von öffentlichen Äußerungen (insbesondere Werbung oder Verpackung) des Verkäufers oder auch des Herstellers	
§ 434 II Alt. 1	Unsachgemäße Montage bei Kauf mit Montageverpflichtung	
§ 434 II Alt. 2	Mangelhafte Montageanleitung (so genannte IKEA-Klausel)	
§ 434 III Alt. 1	Falschlieferung (aliud)	
§ 434 III Alt. 2	Zuweniglieferung	

3.1 Sachmangelbegriff: Vereinbarte Beschaffenheit

Beispiel

> Der Leiter der Abteilung Vertrieb, Volker Viel, führt an, er habe gehört, man könne nach neuem Recht durch Auflistung von Mängeln der Kaufsache die Haftung sogar beschränken.

Fehlen der vereinbarten Beschaffenheit, § 434 I 1 BGB

Fehlt die **vereinbarte Beschaffenheit**, liegt ein Sachmangel vor, § 434 I 1 BGB.

subjektiver Fehlerbegriff

Entscheidend ist damit, was die Parteien vereinbaren. Daher spricht man auch vom so genannten **subjektiven Fehlerbegriff** (subjektiv = Parteivereinbarung).

Die vereinbarte Beschaffenheit kann dabei **negativ oder positiv** sein.

Beispiel

> Positiv: „Besonders kraftstoffsparend – nur 5 Liter Diesel auf 100 km." Damit wird das Haftungsrisiko erhöht: Wird die Vereinbarung nicht eingehalten, haftet der Verkäufer.
>
> Negativ: „Erhöhter Kraftstoffverbrauch – mindestens 10 Liter Diesel pro 100 km." Hier wird das Risiko gesenkt, weil der negative Verbrauchswert bereits vorher angegeben wird.

3.1.1 Anforderungen an eine Beschaffenheitsvereinbarung

Schriftliche Abfassung!

Solche Beschaffenheitsvereinbarungen können schriftlich oder mündlich erfolgen. **Aus Beweisgründen** empfiehlt sich aber **stets** die **schriftliche Abfassung**!

Tipps allgemein:

Praxistipp

> - Nach Möglichkeit alles, was wichtig ist, schriftlich abfassen!
> - Dokumente möglichst von beiden Seiten unterzeichnen lassen!
> - Diesbezüglich auf gute Dokumentationsarbeit achten!

Tipps zu Beschaffenheitsvereinbarungen:

- Nutzen Sie die haftungsbeschränkende Wirkung von Beschaffenheitsvereinbarungen.
- Hat eine Kaufsache einen Mangel, führt dieser nicht zu einer Haftung, wenn im Rahmen der Beschaffenheitsvereinbarung darauf hingewiesen wurde – die vertraglichen Vereinbarungen wurden dann ja eingehalten!

Praxistipp

Leitfaden für eine Beschaffenheitsvereinbarung mit haftungsbeschränkender Wirkung:[22]

- Sie muss auf die konkrete Kaufsache bezogen sein.
- Sie muss die Beschaffenheit bestimmt genug beschreiben.
- Sie darf nicht „ins Blaue hinein" getroffen werden.

Praxistipp

Ein deutliches Beispiel für eine *unwirksame* Beschaffenheitsvereinbarung stellt folgende – nicht erfundene[23] – Klausel aus Allgemeinen Geschäftsbedingungen eines Autohändlers dar:

„Die Verkäuferin weist darauf hin, dass über die vom Kunden oder von ihm beauftragten Sachverständigen nicht festgestellten Funktionsmängel hinaus weitere Mängel vorhanden sind, die momentan die Funktion nicht erkennbar beeinträchtigen und Mangelfreiheit erscheinen lassen. Wahr ist vielmehr, dass insbesondere Motor, Getriebe, sämtliche Dichtungen sowie alle beweglichen Teile und Achsen NICHT mangelfrei sind. Diese Mängel können schon bald zu erheblichen Funktionsstörungen führen."

Negativbeispiel

In dieser Klausel sind alle Komponenten enthalten, die eine Beschaffenheitsvereinbarung zum Zwecke der Sachmängelbeschränkung unwirksam machen: Sie ist weder konkret auf die Kaufsache bezogen, noch wird deren Beschaffenheit tatsächlich beschrieben. Es handelt sich vielmehr um Aussagen ins Blaue hinein. Eine Haftungsbeschränkung ist dadurch nicht möglich.

---

[22] Vgl. auch Schulte Nölke, ZGS 2002, 184.
[23] Verkürzte Fassung; die ganze Klausel ist in ZGS 2002, 242 abgedruckt.

3.1.2 Abgrenzung der bloßen Beschaffenheitsvereinbarung von Zusicherungen und Garantien

Der **Begriff der zugesicherten Eigenschaft** findet sich seit der Schuldrechtsreform nicht mehr im BGB.

Abgrenzung

Nunmehr kann der Käufer nach §§ 437 Nr. 3, 280 I 1 BGB stets Schadensersatz bei *jedem* Sachmangel verlangen, sofern dem Verkäufer ein *schuldhafter* Pflichtverstoß vorzuwerfen ist. Dieser Pflichtverstoß liegt in der Auslieferung einer mangelhaften Sache durch den Verkäufer.

Verschuldensvermutung, § 280 I 2 BGB

Das *Verschulden* (= Vorsatz oder Fahrlässigkeit hinsichtlich der Pflichtverletzung) wird nach § 280 I 2 BGB **vermutet**. Allerdings hat der Verkäufer bei bloßen Beschaffenheitsvereinbarungen die Möglichkeit, sein Nichtverschulden darzulegen (Gegenbeweis, Entkräftung der Vermutung).[24]

Garantie, Zusicherung verschuldens*un*abhängig

Diese Möglichkeit fehlt ihm bei Abgabe einer Zusicherung oder Garantie (§ 276 I 1 BGB).[25] Mit anderen Worten: Sofern es zu einer Zusicherung oder Garantie kommt, hat der Verkäufer verschuldens*un*abhängig für ihre Erfüllung einzustehen. Geht etwas schief, droht ihm ein verschuldensunabhängige Schadens- und Aufwendungsersatzhaftung.

Verhältnis Zusicherung und Garantie

Das **Verhältnis zwischen Zusicherung und Garantie** lässt sich wie folgt erklären: Der Begriff der Garantie ist als Überbegriff zu sehen; geht es um eine Garantie von Eigenschaften, kann – als Unterfall einer Garantie – von Zusicherungen gesprochen werden. Oder um es mit den Worten des Gesetzgebers zu formulieren:[26]

> *„Inhaltlich bedeutet die Zusicherung einer Eigenschaft die Übernahme einer Garantie für das Vorhandensein dieser Eigenschaft, verbunden mit dem Versprechen, für alle Folgen ihres Fehlens (ohne weiteres Verschulden) einzustehen."*

---

[24] Mehr zur Haftung des *Händlers* bei Auslieferung mangelhafter Sachen: Scherer/ Friedrich/ Schmieder/ Koller: Wer den Schaden hat... Unverzichtbares Praxiswissen zur Vermeidung der Produktfehlerhaftung, Band 2, rtw medien Verlag, Deggendorf 2004.
[25] Palandt / *Heinrichs*, Bürgerliches Gesetzbuch, 62. Auflage, C.H. Beck, München 2003, § 276 – Rn. 29.
[26] BT-Drucks. 14/ 6040, 132.

Der **Unterschied zwischen Beschaffenheitsvereinbarung und Garantie/Zusicherung** besteht im Grad des Einstehenwollens: Je mehr der Verkäufer zu erkennen gibt, dass er für den Bestand einer Eigenschaft und für alle Folgen ihres Fehlens einstehen will, um so eher ist von einer Garantie auszugehen.

Grad des Einstehenwollens

Mögliche Rechtsfolgen einer Garantie/Zusicherung:

Rechtsfolgen

- Das Verschulden wird zu Lasten des Verkäufers unwiderleglich vermutet.
- Zu Lasten des Verkäufers wird vermutet, dass der Sachmangel von Anfang an vorlag.

Praxistipp

Tipps:

- Vermeiden Sie in der Position des Verkäufers die Abgabe von Zusicherungen oder gar Garantien.
- Lassen Sie sich umgekehrt in der Position als Käufer zahlreiche Eigenschaften zusichern oder sogar garantieren.
- Der Themenkomplex der Garantie wird noch in einem eigenen Abschnitt besprochen.[27]

Praxistipp

Formulierungsbeispiel für eine Zusicherung (hier: Beschaffenheitsgarantie):

„Der Verkäufer sichert dem Käufer das Vorliegen folgender Eigenschaften zu:
- Der PKW ist unfallfrei und rostfrei.
- Der Wagen wurde scheckheftgepflegt.
- Er ist ein Garagenfahrzeug.
- Die Bereifung ist zulässig.
- etc."

Formulierungshilfe

---

[27] Vgl. Ziffer 8.

3.2 Sachmangelbegriff: Eignung für die vertraglich vorausgesetzte Verwendung

Vertriebsleiter Vinzenz Viel fragt, was passiere, wenn man sich mit dem Käufer nicht ausdrücklich über eine bestimmte Beschaffenheit einige. Könne der Käufer dann etwa auch keine Rechte geltend machen?

§ 434 I 2 Nr. 1 BGB

Nach § 434 I 2 Nr. 1 BGB liegt ein Sachmangel auch dann vor, wenn zwar eine konkrete Beschaffenheit nicht vereinbart wurde, die Kaufsache sich aber für die nach dem Vertrag vorausgesetzte Verwendung nicht eignet.

Vertragliche Verwendungsmöglichkeit

Diese vertragliche Verwendungsmöglichkeit kann sich auch aus den Umständen oder aus einseitigen Erklärungen einer Partei ergeben.[28] Mit anderen Worten: Das, was nach Sinn und Zweck des Vertrages selbstverständlich bei der Kaufsache eingefordert werden kann, muss auch erfüllt werden.

Beispiele

Beispiel 1: Auch wenn die Käufer des Toasters nicht ausdrücklich mit der Waldmann GmbH vereinbart haben, dass der Toaster toasten kann, ist dies doch die nach dem Vertrag vorausgesetzte Funktion.

Beispiel 2: Der Käufer eines Pkw kann grundsätzlich auch bei fehlender Beschaffenheitsvereinbarung davon ausgehen, dass das Fahrzeug fahrtauglich ist. Diese Eignung ist einem Kaufvertrag über ein Auto üblicherweise immanent.

Gegenbeispiel: Der Käufer eines Pkw, der ihm als „Rollender Schrott zum Kilopreis" oder „Zum Ausschlachten" verkauft wurde, kann nicht unbedingt auf die Fahrtauglichkeit hoffen. **Aber:** In diesen Fällen liegt dann eine **Umgehung** der Käuferrechte bei Sachmängeln und damit eine rechtlich bedeutungslose Formulierung, wenn die Parteien trotz dieser schriftlichen Vereinbarung davon ausgehen, dass das Fahrzeug nicht als Schrott, sondern als fahrtauglich verkauft werden sollte (dies kann sich etwa aus dem Kaufpreis ergeben!).[29]

---

[28] *Schimmel/Buhlmann*, Fehlerquellen im Umgang mit dem Neuen Schuldrecht, Luchterhand, Neuwied 2002, S. 111.
[29] Vgl. ADAC motorwelt 1/2003, 34 f.

3.3 Sachmangelbegriff: Eignung für die gewöhnliche Verwendung

§ 434 I 2 Nr. 2 BGB geht noch einen Schritt weiter: Selbst wenn keine Beschaffenheit vereinbart wurde (§ 434 I 1 BGB) und selbst, wenn vertraglich keine bestimmte Verwendung vorausgesetzt ist (§ 434 I 2 Nr. 1 BGB), kann sich die Mangelhaftigkeit der Kaufsache auch daraus ergeben, dass sie sich nicht für die gewöhnliche Verwendung eignet.

§ 434 I 2 Nr. 2 BGB

Eignung für die gewöhnliche Verwendung

Nummer 2 ist damit ein **Auffangtatbestand** für den Fall, .dass § 434 I 1 und I 2 Nr. 1 BGB nicht eingreifen.

Auffangtatbestand

Vergleichsmaßstab für die gewöhnliche Verwendung sind Sachen der gleichen Art, also Sachen mit demselben Qualitätsstandard.[30]

Vergleichsmaßstab

> **Beispiel 1:** Vergleichbar sind bei Pkw nur Autos derselben Klasse.
>
> **Beispiel 2:** Geht es um gebrauchte Fahrzeuge, kommt es entscheidend ebenfalls auf dieselbe Klasse, aber selbstverständlich auch Alter, Anzahl der Vorbesitzer, Laufleistung, Zustand etc. an.

Beispiele

Darüber hinaus muss der Käufer auch erwarten dürfen, dass sich die Sache zu der geforderten Art der Verwendung eignet. Entscheidend ist insoweit der Erwartungshorizont eines Durchschnittskäufers.[31]

Erwartungshorizont des Käufers

> **Beispiel:** Bei einem fünf Jahre alten Fahrzeug kann der Käufer nicht ohne weiteres erwarten, dass die Lackschicht noch genauso glänzt wie am Tag der Erstzulassung.

Beispiel

---

[30] Palandt/ *Putzo*, Bürgerliches Gesetzbuch, 62. Auflage, C.H. Beck, München 2003, § 434 – Rn. 29.
[31] Palandt / *Putzo*, Bürgerliches Gesetzbuch, 62. Auflage, C.H. Beck, München 2003, § 434 – Rn. 30.

3.4 Sachmangelbegriff: Öffentliche Äußerungen (neu seit 01. 01. 2002 – Schuldrechtsmodernisierung!)

> Der Leiterin der Marketingabteilung, Shari Schönfärber, fragt nach, ob auch ihre Abteilung in Bezug auf die Schuldrechtsreform etwas Besonderes beachten muss.

Öffentliche Äußerungen

Nach früherer Rechtslage wurden öffentliche Äußerungen im Rahmen der Sachmängelhaftung grundsätzlich nicht sanktioniert. Zur Bestimmung der Beschaffenheit sind **nunmehr** auch öffentliche Äußerungen des Verkäufers oder des Herstellers (!) der Sache und dessen Gehilfen über Eigenschaften der Sache heranzuziehen, § 434 I 3 BGB. Insbesondere zu berücksichtigen sind **Werbeaussagen sowie** Kennzeichnungen über bestimmte Eigenschaften der Sache (etwa **Aufdrucke auf Verpackungen**). Maßgeblich ist, welche Eigenschaften der Käufer aufgrund dieser öffentlichen Äußerungen erwarten kann.

Werbeaussagen

Aufdrucke auf Verpackungen

Dies gilt jedoch nicht, wenn der Verkäufer die Äußerungen nicht kannte und auch nicht kennen musste, wenn die Äußerungen zum Zeitpunkt des Vertragsschlusses in gleichwertiger Weise berichtigt waren oder wenn die Äußerungen die Kaufentscheidung nicht beeinflussen konnten.

Beispiel

Beispiel: Die Waldmann GmbH bewirbt manche ihrer Toaster im Fernsehen mit der Aussage, jeder Toast sei in maximal 10 Sekunden goldbraun. Dauert die Bräunungszeit nun tatsächlich 30 Sekunden, so liegt nach neuem Recht ein Sachmangel vor, auch wenn eine Bräunungsdauer von 30 Sekunden grundsätzlich nicht zu lange ist. Der Käufer könnte also gegen den Händler vorgehen, obwohl die Werbung vom Hersteller kam!
Dennoch hat ein Käufer des Toasters keine Ansprüche gegen den Händler, wenn er ihn ohnehin gekauft hätte (also unabhängig von der schnellen Bräunungszeit) oder wenn er von der Fernsehwerbung nichts mitbekommen hat. Gleiches gilt dann, wenn die Waldmann GmbH in neueren Fernsehwerbungen die korrekte Bräunungsdauer angegeben hätte (und es erst dann zum Kauf gekommen wäre). Dass es bezüglich der „Haftungsausschlüsse" bei der Waldmann GmbH zu enormen **Beweisproblemen** kommen kann, versteht sich von selbst.

Beweisprobleme

Typische **reklamehafte Anpreisungen**, die mit der Realität erkennbar nichts zu tun haben, begründen aber keine Sachmängel.

Reklame

Beispiel 1: Der Autohersteller Opel machte für eines seiner Modelle Werbung, für das er das goldene Lenkrad verliehen bekam. In der Werbung waren daraufhin Opel-Autos mit goldenem Lenkrad zu sehen. Ein Käufer eines entsprechenden Fahrzeugs kann selbstverständlich auch nach neuem Recht keinen Opel mit einem goldenen Lenkrad erwarten.

Beispiele

Beispiel 2: Besteht für BMW-Händler aufgrund der Werbung des Automobilherstellers BMW mit dem Slogan „Freude am Fahren" die Gefahr der Inanspruchnahme wegen eines Sachmangels, wenn ein Fahrer meint, er werde beim Fahren eines BMW eher schwermütig? Dies ist nicht anzunehmen; in den USA wird allerdings in derartigen Fällen oft vorsorglich durch Verpackungsbeilagen für Klarheit gesorgt.

Eigentlich ein gutes Beispiel, aber:
Es handelt sich hier nicht um einen Kaufvertrag, so dass § 434 I 3 BGB nicht zur Anwendung kommt.

Wer den Schaden hat …

Bild: Boettchen/Giesen (Quelle: Wirtschaftsmagazin IHK Regensburg 5/2000)

Ein Grenzfall: Liegt hier schon eine Beschaffenheitsvereinbarung vor?

Auch in den USA besteht die Gefahr der Inanspruchnahme bei zu vollmundiger Werbung. Deshalb ergänzen viele amerikanische Hersteller ihre Werbeaussagen in jüngster Zeit mit Passagen wie der nachfolgend zitierten „limited warranty":

USA

„Because personal senses, feelings, stimulation and satisfaction are such individual and private matters, the manufacturer cannot and does not warrant that this product will achieve any particular results. The manufacturer does not warrant the fitness for a particular purpose of its products and does not make any warranty, express or implied, other than the warranty contained herein."

„Limited warranty"

Tipps:

Praxistipp

- Gehen Sie in der Abteilung Marketing künftig bewusster mit Lobpreisungen des Produkts um.
- Beachten Sie dies insbesondere bei sicherheitsrelevanten Eigenschaften!
- Bevor Werbung platziert wird, sollte ein fachkundiger Jurist ein Auge auf die gemachten Versprechungen werfen.
- Achten Sie besonders darauf, dass durch unvorsichtige und sehr konkrete Werbeaussagen unter Umständen sogar Garantien begründet werden.[32]

Zur Sensibilisierung:

Praxistipp

- Achten Sie bei künftigen Fernsehabenden bei den Werbespots darauf, ob „schwammig" (und damit gefahrlos) oder konkret (und damit eventuell rechtlich relevant) geworben wird.
- Überprüfen Sie Ihre eigenen Produktwerbungen unter diesen Gesichtspunkten.

---

[32] Bei besonderer Identifizierung des Verkäufers mit dem Verwendungszweck wird ein konkludenter Garantiewille angenommen., vgl. hierzu die sog. **„Trevira-Entscheidung"** des BGH vom 21.06.1967, BGHZ 48, 118: Grundsätzlich begründen Werbeaussagen nur Beschaffenheitsvereinbarungen, deren Nichteinhaltung zur Sachmängelhaftung führt. Im Einzelfall können in Werbeaussagen aber sogar Garantien und Zusicherungen zu sehen sein, die die Gefahr einer verschuldensunabhängigen Schadensersatzhaftung begründen. Im vorliegenden Fall nahm der BGH eine Zusicherung an, weil die Beklagte sich mit dem Namen Trevira auf die Werbung der beklagten Firma bezogen hat und diese besonders die Knitterfreiheit hervorgehoben hat. Konkludenter Garantiewille.

3.5 Sachmangelbegriff: Montagemängel
(neu seit 01. 01. 2002 – Schuldrechtsmodernisierung!)

Die Waldmann GmbH produziert ihre Waren nicht nur, teilweise verkauft sie sie auch an Kunden und baut sie dort aufgrund einer im Kaufvertrag vereinbarten Montageverpflichtung ein. Manni Mörtel ist Leiter der Abteilung Montage und fragt sich, was er und seine Kollegen diesbezüglich berücksichtigen müssen.

Montagemängel

Vor der Schuldrechtsreform hatte der Käufer in Fällen lediglich mangelhafter Montage Ansprüche wegen positiver Vertragsverletzung (pVV) mit einer Verjährungsfrist von 30 Jahren – allerdings nur bei Verschulden.

Rechtslage vor der Schuldrechtsreform

Bei vereinbarter Montagepflicht des Verkäufers liegt **jetzt** immer ein Sachmangel vor, falls die Montage fehlerhaft ist bzw. zunächst eine mangelfreie Sache durch unsachgemäße Montage mangelhaft wird (§ 434 II 1 BGB).[33]

Jetzt: Fehlerhafte Montage = Sachmangel, § 434 II 1 BGB

Dabei hat der Käufer nunmehr die Rechte auf Nacherfüllung beziehungsweise Minderung oder Rücktritt ohne Rücksicht auf ein Verschulden; andererseits beträgt die Verjährung jetzt nur noch 2 Jahre (oder 5 Jahre bei Bauwerken und Sachen, die zur Erstellung eines Bauwerks bestimmt sind und dazu verwendet wurden und dessen Mangelhaftigkeit verursachten).

Beispiel: Hotelier Hein erwirbt bei der Waldmann GmbH eine Gastronomiespülmaschine, welche zur festen Montage in Großküchen konstruiert wurde, aber kein wesentlicher Bestandteil des Gebäudes wird. Die an sich völlig fehlerfreie Spülmaschine soll von der Waldmann GmbH montiert werden. Unterläuft ihr dabei ein Fehler, so hat Hein alle Sachmängelrechte (Nacherfüllung, Minderung oder Rücktritt, Schadens- oder Aufwendungsersatz).

Beispiel

---

[33] Vgl. Palandt / *Putzo*, Bürgerliches Gesetzbuch, 62. Auflage, C.H. Beck, München 2003, § 434 – Rn. 40 ff.

3.6 Sachmangelbegriff: Mangelhafte Montageanleitung (neu seit 01. 01. 2002 – Schuldrechtsmodernisierung!)

Beispiel

Für Vinzenz Viel, den Vertriebsleiter, und Elias Eberl, Forschung und Entwicklung, hat Geschäftsführer Groß noch eine weitere wissenswerte Neuerung im Bereich der Montageanleitungen, für deren Entwicklung beide zuständig sind.

„IKEA-Klausel"

Ein Mangel einer Sache liegt **seit dem 01. 01. 2002**[34] auch dann vor, wenn diese zur Montage bestimmt ist und eine **mangelhafte Montageanleitung**[35] beigefügt ist, sog. „IKEA - Klausel".

Beispiel

Beispiel: Hotelier Hein montiert im vorigen Beispiel die Geschirrspülmaschine selbst. Ihm unterläuft dabei ein Fehler, obwohl er sich strikt an die Angaben in der Montageanleitung hält. Der Grund liegt darin, dass die Maschine mittlerweile in einer neuen Serie aufgelegt wurde und die alte (immer noch beiliegende) Anleitung deshalb unbrauchbar war. Auch hier stehen Hein alle Sachmängelrechte zu.

Beispiel

IT-Branche: Die Montage von Software geschieht durch Installation. Die Montageanleitung im Sinne des Gesetzes ist also die Installationsanleitung. Selbst dort, wo die Installation automatisch durchgeführt wird, darf dies nicht dazu führen, dass nunmehr auf das Installations-Handbuch kein großer Wert mehr gelegt wird.[36]

§ 434 III BGB

Hinzuweisen ist darauf, dass § 434 II 2 BGB nicht die *Bedienungsanleitung* für das Programm an sich erfasst. Fehler in dieser können aber selbstverständlich Fehler des gekauften Produkts darstellen und so einen Mangel im Sinne des § 434 I BGB darstellen. Wann eine Montageanleitung konkret mangelhaft ist, wird noch zu klären sein[37].

---

[34] Hinsichtlich der früheren Rechtslage gilt nichts anderes als oben bei den Montagefehlern, vgl. Ziffer 3.5.

[35] Die Montageanleitung ist nicht zu verwechseln mit der Gebrauchsanweisung: Bei letzterer geht es nicht um den Zusammenbau des Produkts, sondern um dessen Bedienung. Enthält eine Gebrauchsanweisung Fehler, besteht eventuell ein Schadensersatzanspruch wegen Pflichtverletzung (§ 280 I 1 BGB).

[36] *Bartsch*, Das neue Schuldrecht - Auswirkungen auf das EDV-Vertragsrecht, CR, Verlag Dr. Otto Schmidt, Köln 2001, 649 ff.

[37] Nach Palandt / *Putzo*, Bürgerliches Gesetzbuch, 62. Auflage, C.H. Beck, München 2003, § 434 – Rn. 49 ist die Mangelhaftigkeit der Anleitung am Erwartungshorizont des Käufers zu messen.

Die Haftung greift nicht ein, wenn sich die mangelhafte Montageanleitung nicht in einem Fehler der Sache niedergeschlagen hat, insbesondere dann nicht, wenn der Käufer die Sache fehlerfrei montierte (§ 434 II 2 BGB).

Haftungsausnahmen, § 434 II 2 BGB

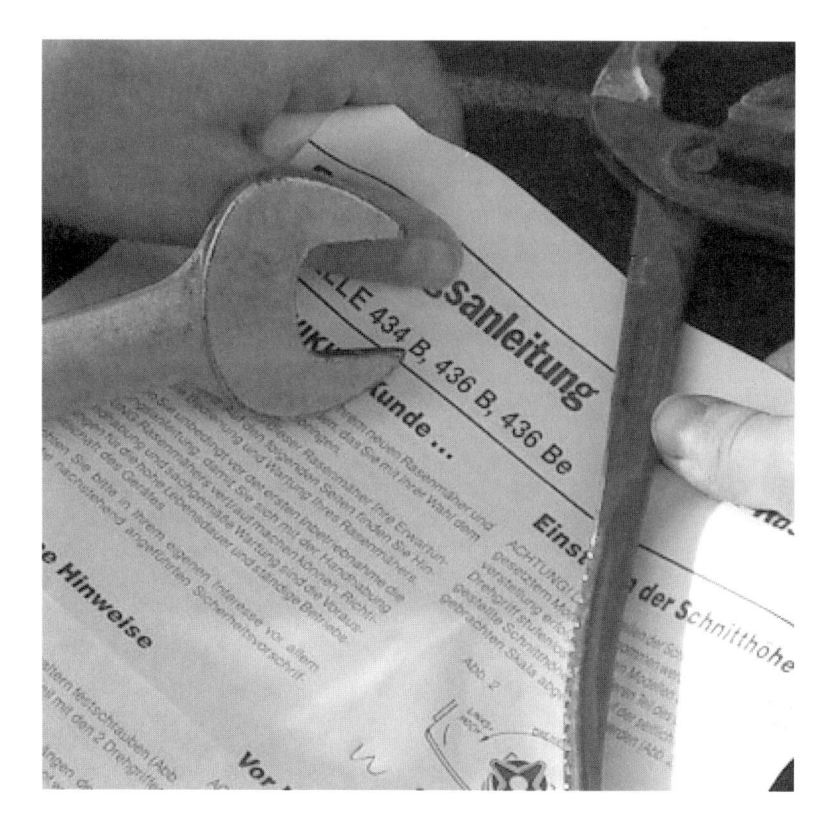

3.7 Sachmangelbegriff: Aliud und Zuweniglieferung (neu seit 01. 01. 2002 – Schuldrechtsmodernisierung!)

§ 434 III BGB

§ 434 III BGB stellt die **Lieferung einer anderen Sache** (aliud) und die **Lieferung einer zu geringen Menge** dem Sachmangel gleich.

Dadurch wird die bisher im Einzelfall schwierige Abgrenzung zwischen aliud und Sachmangel obsolet. Falsch- und Zuweniglieferungen begründen somit immer einen Sachmangel. Auf die Genehmigungsfähigkeit der Abweichung kommt es – anders als bisher bei § 378 HGB – nicht mehr an. § 378 HGB wurde aufgehoben.

Beispiel

Beispiel 1: Hotelier Hein ist mit der Maschine trotz der anfänglichen Probleme mit der Montageanleitung überaus zufrieden. Daher will er seine gesamte Hotelkette „Hein Hotels GmbH" damit ausstatten und kauft bei der Waldmann GmbH 20 Gastronomiespüler der Marke „Super-Spül".

Aus Versehen wird Hein aber anstelle des Modells „Super-Spül" das Modell „Soft-Spül" geliefert.

Nach alter Rechtslage kam es auf die Genehmigungsfähigkeit der Abweichung an: War diese genehmigungsfähig, so lag ein Sachmangel vor; die daraus resultierenden Gewährleistungsrechte verjährten in 6 Monaten. Lag keine Genehmigungsfähigkeit vor, so hatte der Käufer weiterhin Anspruch auf Lieferung der bestellten Sache; dieser verjährte in 30 Jahren.

Nach neuer Rechtslage kommt es auf die Genehmigungsfähigkeit nicht mehr an. Diese Falschlieferung begründet jetzt immer einen Sachmangel, der vorliegend in 2 Jahren verjährt (vorausgesetzt, die Untersuchungs- und Rügeobliegenheit aus § 377 HGB wurde beachtet)[38].

---

[38] Vergleiche dazu den Exkurs unter 3.11.

Beispiel 2: Statt der bestellten 20 Spülmaschinen liefert die Waldmann GmbH zwar das richtige Modell, versehentlich aber nur 15 Maschinen des gleichen Typs.
Auch bei dieser Zuweniglieferung liegt jetzt ein Sachmangel vor. Da beide Parteien aber Kaufleute sind, muss Hein wie bisher die Ware sofort nach Anlieferung untersuchen und etwaige Abweichungen rügen, um seine Mängelrechte nicht zu verlieren (§ 377 HGB).

Erfolgte eine Rüge, so konnte der Käufer **früher** die fehlende Ware nachfordern. Erfolgte keine Rüge, so musste er trotz Mindermenge den vollen Kaufpreis, bzw. bei Mehrlieferung eine entsprechend erhöhten Kaufpreis bezahlen.

Nach jetziger Rechtslage stehen dem Käufer einer Zuweniglieferung die gesetzlichen Sachmängelrechte zu, falls er die Rüge des § 377 rechtzeitig erhebt (vgl. 3.11).

Beispiel

Für eine **Zuviellieferung** entfällt nach neuem Recht eine Rügepflicht. Sie stellt keinen Sachmangel dar.

Rügepflicht bei Zuviellieferung?

3.8 Sachmängelbegriff: Unerhebliche Mängel (neu seit 01. 01. 2002 – Schuldrechtsmodernisierung!)

Beispiel: Vertriebsleiter Viel ärgert sich seit einiger Zeit über Fälle, in denen sich Kunden darüber beschweren, dass die Lackierung auf der Rückseite der Gastronomiespüler zum Teil etwas eingetrübt sind. Die Rückseite sei nach dem Einbau nicht mehr zu sehen, optische Auswirkungen habe der Lackierungsfehler also nicht. Herr Viel fragt sich, ob die Kunden trotzdem beispielsweise Nacherfüllung verlangen oder mindern können.

Unerhebliche Mängel berechtigen nach neuem Schuldrecht grundsätzlich zur Geltendmachung der Mängelrechte. Nach altem Schuldrecht war dies nicht der Fall (§ 459 I 2 BGB a.F.).

Unerhebliche Mängel

Von diesem Grundsatz gibt es im neuen Recht nur eine einzige Ausnahme: Unerhebliche Mängel berechtigen nicht zum Rücktritt vom Vertrag.[39]

Aber: kein Rücktritt

---

[39] § 437 Nr. 2 Alt. 1 in Verbindung mit § 323 V 2 BGB.

> **Lösung:** Die Kunden haben tatsächlich Recht: Obwohl es nur um die Rückseite geht, können sie – mit Ausnahme des Rücktritts – alle Mängelrechte geltend machen. Sie können also insbesondere Nacherfüllung verlangen (Neulieferung oder Ausbesserung) oder nach Fristsetzung sogar mindern.

Hinweis:

Änderung des Rechtsberatungsgesetzes

Das einzelne Minderungsverlangen ist an sich nicht weiter problematisch: Bei derartigen Schäden dürfte der Umfang der Minderung im Cent-Bereich liegen. Finanziell gefährlich kann es schon im Bereich der Nacherfüllung werden (Mangelbeseitigung oder Ersatzlieferung); auch kann der Kunde versuchen, einen erheblichen Nachlass im Wege „gütlicher Einigung" zu verlangen. Verschärft wird die Problematik noch durch die Änderung des Rechtsberatungsgesetzes (§ 3 Nr. 8 RBerG): Nunmehr ist es möglich, dass Verbraucher ihre Ansprüche auf Verbraucherzentralen und -verbände übertragen, welche dann aufgrund des besseren finanziellen und fachlichen Backgrounds die Hersteller verklagen können. Damit bleiben die Verbraucher nicht mehr auf kleinen Schäden sitzen, sondern wenden sich an Verbraucherverbände, die die Rechtsverfolgung gerne und öffentlichkeitswirksam übernehmen.[40]

Tipps:

Praxistipp

- Machen Sie in Ihren Verkaufsbedingungen gegenüber anderen Unternehmern deren Rechte vom Vorliegen *nicht* unerheblicher Mängel abhängig.
- Achten sie umgekehrt als Einkäufer darauf, dass ihre Rechte auch bei unerheblichen Mängeln nicht ausgeschlossen werden.

---

[40] Vgl. Klitzekleine Klauseln, 28.01.2002, Focus Heft 5/2002.

3.9 Sonderfall: Rechtsmängel

Ein Rechtsmangel liegt vor, wenn Dritte in Bezug auf die Kaufsache Rechte geltend machen können und wenn dies vertraglich nicht mit dem Käufer vereinbart wurde, § 435 S.1 BGB.

Rechtsmangel, § 435 BGB

> **Beispiel:** Der Benutzung der Kaufsache steht ein Patent oder Urheberrecht eines Dritten entgegen.

Beispiel

Durch das neue Schuldrecht wurden die Rechts- den Sachmängeln fast völlig gleichgestellt. Unterscheidungswürdige Punkte gibt es nur noch in Randbereichen.[41]

Gleichstellung von Sach- und Rechtsmangel

3.10 Exkurs: Verschleiß

Üblicher Verschleiß führt nicht zur Sachmängelhaftung. Der Grund dafür ist einfach: Sachmängel müssen *von Anfang an* vorgelegen haben, Verschleiß tritt aber erst *nach* Vertragsschluss auf.

Verschleiß

> **Beispiel:** Bei einem Pkw gehören Bremsen zu Verschleißteilen. Selbst wenn die Bremsklötze innerhalb von zwei Jahren ausgewechselt werden müssen, begründet dies keinen Anspruch aus der vertraglichen Sachmängelhaftung, sofern die Abnutzung üblich ist (etwa aufgrund der Kilometerleistung).

Beispiel

Unüblich hoher Verschleiß dagegen begründet einen Sachmangel, sofern die Schadensanlage schon bei Vertragsschluss vorhanden war.

Üblich hoher Verschleiß

> **Beispiel:** Sollten die Bremsklötze im obigen Beispiel dagegen übermäßig schnell verschleißen, bestehen für den Käufer Sachmängelansprüche, sofern der Verschleiß nichts mit seiner Fahrweise zu tun hat.

Beispiel

---

[41] Zur Vertiefung: Palandt – *Putzo*, Bürgerliches Gesetzbuch, 62. Auflage, C.H. Beck, München 2003, §§ 435, 453 m. w. N..

Tipps:

Praxistipp

- Nehmen Sie in Ihre Verträge und AGB zur Klarstellung eine Klausel auf, wonach üblicher Verschleiß nicht zu Sachmängelrechten führt.

- Die Frage, ob ein Verschleiß üblich ist oder nicht, wird regelmäßig nur durch ein Sachverständigengutachten zu führen sein.

- Über eine gute betriebliche Dokumentation kann aber gegebenenfalls schon im Vorfeld der Vorwurf des übermäßigen Verschleißes widerlegt werden.

- Nehmen Sie in Ihre Verträge Klauseln auf, die regeln, was „üblicher" Verschleiß ist (zum Beispiel: Laufzeit bei Reifen, Kilometerleistungen, Zeitspannen, Vorgänge und Bewegungen, Umdrehungen etc.).[42]

Empfehlenswert ist es, bereits in Verträgen eine klarstellende Klausel zum Thema „Verschleiß" aufzunehmen. Als **Formulierungshilfe** dient nachfolgend unverbindliches

Praxistipp

Beispiel: „Da Verschleißteile in der Regel eine zu erwartende Nutzungsdauer haben, die unterhalb der Nutzungsdauer des Gesamtprodukts liegt, müssen diese Verschleißteile entweder ausgetauscht oder in regelmäßigen Abständen gewartet werden. Dabei sind unsere Angaben zu berücksichtigen. Sollten ausdrückliche Angaben hierzu fehlen, gilt Folgendes:

Unterliegen Teile des Produkts bei vertragsgemäßem Gebrauch einer erhöhten Abnutzung, besteht eine Haftung nur insoweit, als die Mangelerscheinungen nicht auf bestimmungsgemäßem Verbrauch beruhen."

---

[42] In AGB ist eine Beweislastumkehr zu Lasten des Vertragspartners verboten. Die angesprochenen Klauseln dürften aber regelmäßig nur die allgemeine Beweislage wiedergeben: Denn der Regelfall ist, dass Verschleiß keine Sachmängelrechte auslöst. Behauptet der Käufer übermäßigen Verschleiß, so muss er diese Ausnahme von der Regel beweisen. **Achtung:** Die in der Klausel angegeben Daten müssen dann aber auch tatsächlich „üblichen" Verschleiß darstellen – sonst würden dem Käufer unzulässigerweise seine Rechte beschnitten.

3.11 Wichtiger Hinweis:
Kaufmännische Untersuchungs- und Rügepflicht

Bezüglich aller oben aufgeführten Mängel greift nunmehr § 377 HGB ein, falls ein so genannter **beiderseitiger Handelskauf** vorliegt (2 Kaufleute → 5.8).

kaufmännische Untersuchungs- und Rügepflicht, § 377 HGB

Der Käufer hat daher die Pflicht, die angelieferte Ware **unverzüglich zu untersuchen** und **Mängel unverzüglich zu rügen**, um seine Sachmängelrechte nicht zu verlieren.

Einzelheiten zur Untersuchungs- und Rügepflicht finden sich in einem eigenen Abschnitt.[43]

---

[43] Vgl. Kapitel 5 Ziffer 1.1.2.

4. Die Rechte des Käufers bei Sachmängeln

Beispiel: Geschäftsführer Groß ärgert sich über einen Teile-Lieferanten: Die Luftig GmbH beliefert die Waldmann GmbH mit Schaltern für deren Gastronomiespüler. Bei internen Qualitätsuntersuchungen kam heraus, dass diese Schalter die geforderten Spezifikationen nicht einhalten. Groß setzt sich mit dem Rechtsanwalt der Waldmann GmbH, Dr. Max Matlock, zusammen und erkundigt sich nach seinen Rechten.

Die Rechte an der kaufvertraglichen Sachmängelhaftung aus § 437 BGB lassen sich wie folgt zusammenfassen:

Rechte aus § 437 BGB

Rang	Sachmangel-Recht	Verschulden?
Vorrangig	Nacherfüllung = Nachbesserung (z.B. Reparatur) oder Ersatzlieferung (Wahlrecht des Käufers)	Nicht erforderlich
Nachrangig	Minderung oder Rücktritt	Nicht erforderlich
Nachrangig	Schadens- oder Aufwendungsersatz	Erforderlich, aber Beweislastumkehr nach § 280 I 2 BGB

4.1 Nacherfüllung
(neu seit 01. 01. 2002 – Schuldrechtsmodernisierung!)

Voraussetzungen des Nacherfüllungsanspruchs:

> 1. Kaufvertrag, § 433 BGB
> 2. Sach- oder Rechtsmangel, §§ 434, 435 BGB
> 3. Wahlrecht des Käufers:
>   Nachbesserung oder Ersatzlieferung
>   Grenze: Verhältnismäßigkeit

Nacherfüllung

Die Nacherfüllung geht nach der gesetzlichen Konzeption den anderen Sachmängelhaftungsansprüchen (Rücktritt, Minderung, Schadens- und Aufwendungsersatz) vor.[44]

Vorrang der Nacherfüllung

Beim Nacherfüllungsanspruch besteht ein **Wahlrecht des Käufers**, ob er **Nachbesserung oder Ersatzlieferung** begehrt.

Wahlrecht: Nachbesserung / Ersatzlieferung

Eine Grenze wird hierbei durch die Verhältnismäßigkeit gezogen (§ 439 III BGB). Bei Überprüfung der Verhältnismäßigkeit sind insbesondere der Wert der Sache im mangelfreien Zustand, die Bedeutung des Mangels sowie die Frage, ob der Käufer ohne erhebliche Nachteile auf die andere Art der Nacherfüllung zurückgreifen kann, zu berücksichtigen.

Bei Unverhältnismäßigkeit kann jeweils nur die andere Art der Nacherfüllung verlangt werden.

Grenze: Verhältnismäßigkeit

Beispiel 1: Tanja Tiger kauft im Elektrohaus Elch einen Toaster der Waldmann GmbH zum Preis von 59,- Euro. Nach dem Kauf tritt ein Kurzschluss auf. Eine Reparatur würde 250.- Euro kosten. Tanja Tiger besteht auf einer Reparatur, Elch will Tiger nur ein Ersatzgerät liefern.
Da die Reparaturkosten den Aufwand für die Lieferung eines ganz neuen Geräts bei weitem übersteigen, ist das Nachbesserungsbegehren der Tanja Tiger unverhältnismäßig. Tiger kann daher nur Ersatzlieferung verlangen.

Beispiel

---

[44] Vgl. BT-Drucks. 14/6040, 230.

Beispiel 2: Baumaschinenhändler Janis Jaguar handelt nur mit neuen Baumaschinen. Dabei verkauft er an Unternehmer Ulrich einen neuen Baukran zum Kaufpreis von 250.000,- EUR. Nach einiger Zeit zeigt sich ein erheblicher, bereits bei Gefahrübergang angelegter Getriebeschaden. Ulrich wählt – wozu er grundsätzlich berechtigt ist – nicht Reparatur, sondern Ersatzlieferung eines anderen Krans. Ein Nachbesserungsrecht hatte Janis Jaguar in seinen Verkaufsbedingungen[45] nicht vereinbart.

Damit hätte Jaguar jetzt einen gebrauchten Kran auf Lager, den er – wenn überhaupt (für Gebrauchtmaschinen hat er kein Vertriebsnetz) – nur mit erheblichen Preisnachlässen wieder los wird. Janis Jaguar könnte allenfalls noch der Grundsatz der Verhältnismäßigkeit zu Gute kommen, wenn Ulrich, ohne Nachteile befürchten zu müssen, auf die Reparatur zurückgreifen kann. Insbesondere wenn nach der Reparatur aber noch Restmängel zurückbleiben könnten, birgt dieser Grundsatz für die Beteiligten aber ein erhebliches Streitpotential.

Tipps:

- In Allgemeinen Geschäftsbedingungen, welche gegenüber anderen Unternehmern verwendet werden, sollte sich der Verkäufer das Recht zur Nachbesserung einräumen lassen.

- Er sollte das Wahlrecht also auf sich übertragen.

- Dies dürfte zulässig sein, wenngleich eine entsprechende Entscheidung des BGH dazu bislang fehlt.[46]

Zurück zum Ausgangsfall (fehlerhafte Schalter der Luftig GmbH für Gastronomiespüler der Waldmann GmbH):

---

[45] Hinweis: Die neuen VDMA-Lieferbedingungen enthalten eine Übertragung des Wahlrechts auf den Verkäufer. Bei Verwendung dieser Musterbedingungen ist aber – wie auch der VDMA (Verband deutscher Maschinen- und Anlagenbau e.V.) klarstellt – Vorsicht geboten: Sie sind nicht gegenüber Verbrauchern und nicht bei Gebrauchtwaren geeignet. Dazu enthalten sie nur eine unzureichende einfache Eigentumsvorbehaltsklausel.

[46] Gegenüber Verbrauchern wäre eine solche Vereinbarung nach § 475 I 2 BGB definitiv unwirksam.

Lösung: Die Waldmann GmbH muss zunächst auf Nacherfüllung drängen. Dabei hat sie das Wahlrecht zwischen Nachbesserung oder Ersatzlieferung.
Wäre eine Nachbesserung technisch unmöglich, so könnte nur die Ersatzlieferung verlangt werden. Das Gleiche gilt, wenn die Nachbesserung nur mit unverhältnismäßigen Mittel möglich wäre.

Ein Schreiben mit der Aufforderung zur Nacherfüllung könnte etwa wie folgt aussehen:

> „An die Luftig GmbH, vertreten durch ihren Geschäftsführer Herrn Lerche
>
> Waldstadt, 5. August 2003
>
> Sehr geehrter Herr Lerche,
>
> bei einer Qualitätsuntersuchung in unserem Haus mussten wir feststellen, dass die von Ihnen am 1. August gelieferten Schalter der Marke „Schnapp Z100" mangelhaft sind:
>
> An sämtlichen Schaltern der Lieferung wird ein Teil der geforderten Spezifikationen nicht beachtet. Dabei geht es darum, dass die Schalter nicht die geforderte Größe aufweisen und daher von uns nicht in die Gastronomiespüler eingebaut werden können. Ein Protokoll der Qualitätsprüfung liegt bei.
>
> Wir fordern Sie daher auf, bis spätestens 12. August die bestellte Stückzahl an Schaltern zu liefern, die unserer Bestellung und den Spezifikationen entsprechen.
>
> Mit freundlichen Grüßen,
>
> Groß, Geschäftsführer"

Praxistipp

IT-Branche:

IT-Branche

In der IT-Branche lassen sich viele Produkte nicht mangelfrei nachliefern oder „reparieren". Daher lassen sich auch folgende Spielarten vorstellen, um dem **Nacherfüllungsanspruch** gerecht zu werden:[47]

Praxistipp

- Der Verkäufer kann den neuen Programmstand liefern: Versteht man § 241 II BGB und § 439 III 2 BGB ihrem Rechtsgedanken nach, wird der Käufer verpflichtet sein, dies zu akzeptieren, sofern ihm dies zumutbar ist. Unzumutbar ist es aber, wenn das neue Programm auf dem PC des Käufers nicht mehr richtig läuft.

- Umgekehrt kann der Käufer großes Interesse an dem neuen Programmstand haben. Dies ist ihm dann auch - ggf. unter Zuzahlung - zuzugestehen.

Nacherfüllung auch bei unwesentlichen Mängeln

Hervorzuheben ist nochmals, dass der **Nacherfüllungsanspruch auch bei unwesentlichen Mängeln** besteht.[48]

Anmerkung: Dies führt zu erheblichen Problemen in fehleranfälligen Branchen. Gerade im Bereich der Softwareproduktion ist noch nicht geklärt, wie hier seitens der Unternehmen vorgegangen werden kann.

Tipps:

Praxistipp

- Machen Sie bei Geschäften mit anderen Unternehmern deren Sachmängelrechte vom Vorliegen nicht unerheblicher Mängel abhängig.[49]

- Versuchen Sie zumindest, durch Beschaffenheitsvereinbarungen auf die Möglichkeit unerheblicher Mängel hinzuweisen.[50]

---

[47] *Bartsch*, Das neue Schuldrecht - Auswirkungen auf das EDV-Vertragsrecht, CR, Verlag Dr. Otto Schmidt, Köln 2001, 649 ff.
[48] Palandt / *Putzo*, Bürgerliches Gesetzbuch, 62. Auflage, C.H. Beck, München 2003, § 439 – Rn. 47 sowie § 437 – Rn. 8.
[49] Auch die Zulässigkeit dieser Klausel ist bislang vom BGH nicht entschieden worden.
[50] Wie oben schon gezeigt, muss dies aber auf das konkrete Produkt bezogen sein und die möglichen Mängel klar beim Namen nennen. Selbst dann ist fraglich, ob die Rechtsprechung dies in AGB akzeptieren wird.

Weiterer Tipp:

- Die Terminologie und der Inhalt alter Geschäftsbedingungen müssen dringend überarbeitet werden.

- Beispiel: Neue AGB-Klauseln verlangen im Wortlaut den Begriff der „Nacherfüllung" sowie dessen allgemein verständliche Umschreibung. Die alten Klauseln sind daher ab 01.01.2002 mit großer Wahrscheinlichkeit unwirksam.

Praxistipp

4.2 Rücktritt vom Vertrag

Geschäftsführer Groß fragt sich, ob er wegen der unpassenden Schalter nicht gleich vom Kaufvertrag mit der Luftig GmbH zurücktreten kann.

Voraussetzungen des Rücktritts

1. Kaufvertrag, § 433 BGB

2. Sach- oder Rechtsmangel, §§ 434, 435 BGB

3. Kein unerheblicher Mangel

4. Erfolgloser Ablauf einer angemessenen Frist zur Nacherfüllung; entbehrlich in folgenden Fällen:

    - Unmöglichkeit der Nacherfüllung

    - Ernsthafte und endgültige Erfüllungsverweigerung durch den Verkäufer

    - Zwei fehlgeschlagene Nacherfüllungsversuche

Rücktrittsvoraussetzungen

Der Begriff des Rücktritts trat im Zuge der Schuldrechtsreform **an die Stelle der Wandelung**.

Wegfall des Begriffes „Wandellung"

Die weiteren Ansprüche sind nachrangig!

Ist die Nacherfüllung unmöglich, fehlgeschlagen oder durch den Verkäufer verweigert worden, sind **nachrangig** die anderen in § 437 BGB genannten Rechte des Käufers zu prüfen. Dazu gehört auch der Rücktritt vom Kaufvertrag.

Voraussetzung für den Rücktritt ist das Vorliegen eines nicht unerheblichen Sach- oder Rechtsmangels[51] sowie der erfolglose Ablauf einer angemessenen Frist zur Nacherfüllung.

Beispiel

> Im Ausgangsfall liegt sicherlich kein unerheblicher Mangel vor, so dass ein Rücktritt nicht deswegen ausgeschlossen ist. So lange die im oben dargestellten Schreiben gesetzte Frist aber nicht abgelaufen ist, kann der Rücktritt nicht erklärt werden.

Anforderungen an eine **angemessene** Frist:[52]

Praxistipp

- Sie muss dem Schuldner nur die Möglichkeit zur *Vollendung* der bereits in Angriff genommenen Leistung geben.

- Sie muss also *nicht* so lang sein, dass der Schuldner die noch nicht begonnene Leistung erst anfangen und fertig stellen kann.

- Die *Länge* kann nicht pauschal vorgegeben werden, es kommt immer auf den Einzelfall an. Bei ganz besonderer Eilbedürftigkeit können bereits zwei Tage reichen (Ausnahmefall!), ansonsten sollte eine längere Frist in Tagen oder Wochen angegeben werden.

- Bei einer *zu kurz bemessenen* Frist wird der Lauf einer angemessenen Frist unterstellt,[53] so dass alle Rechte auch erst nach Ablauf dieser fiktiven angemessenen Frist zur Verfügung stehen.

Entbehrlichkeit der Nachfrist

Diese Nachfrist ist entbehrlich bei Unmöglichkeit der Nacherfüllung (§ 323 II BGB), bei ernsthafter und endgültiger Nacherfüllungsverweigerung durch den Verkäufer (§ 440 S.1 BGB) und bei zwei fehlgeschlagenen Nacherfüllungsversuchen (§ 440 S.2 BGB).[54]

---

[51] Nicht aus dem Kaufrecht, sondern aus § 323 V 2 BGB ergibt sich, dass ein Rücktritt wegen bloß geringfügiger Mängel nicht erfolgen kann.
[52] Palandt / *Heinrichs*, Bürgerliches Gesetzbuch, 62. Auflage, C.H. Beck, München 2003, § 323 – Rn. 14 m.w.N..
[53] BGH NJW 1985, 2640.
[54] Vgl. Palandt / *Putzo*, Bürgerliches Gesetzbuch, 62. Auflage, C.H. Beck, München 2003, § 437 - Rn. 20 ff..

> Im Ausgangsfall müsste die Waldmann GmbH dann keine Nachfrist setzen, wenn sich die Luftig GmbH weigert, die Schalter auszutauschen, weil „ohnehin kein Fehler vorliegt und eine Einstandspflicht der Firma Luftig nicht besteht".
> Eine Fristsetzung wäre auch dann entbehrlich, wenn die Luftig GmbH zweimal neue Schalter liefert, diese aber wieder nicht passen.

Beispiel

Der Rücktritt schließt die Geltendmachung von **Schadens- und Aufwendungsersatz** nicht mehr aus, § 325 BGB – früher war dies noch anders.

Schadens- und Aufwendungsersatz neben Rücktritt möglich

> Wäre im Ausgangsfall der Waldmann GmbH ein weitergehender Schaden entstanden (etwa der Verlust eines Auftrags mangels Liefermöglichkeit), könnte neben dem Rücktritt auch Schadensersatz in Form des entgangenen Gewinns geltend gemacht werden, falls die Luftig GmbH ein Verschulden trifft (was nach § 280 I 2 BGB zunächst vermutet wird).

Beispiel

Rechtsfolgen des Rücktritts sind:

- Rückgewähr oder Wertersatz (§ 346 I, II BGB)
- Herausgabe von Nutzungen (§ 346 I BGB) oder einer Bereicherung (§ 346 III 2 BGB)

Praxistipp

Im **Ausgangsfall** könnte eine Rücktrittserklärung etwa wie folgt aussehen:

Praxistipp

> „An die Luftig GmbH, vertreten durch ihren Geschäftsführer Herrn Lerche.
>
> Waldstadt, 13. August 2003
>
> Sehr geehrter Herr Lerche,
>
> leider mussten wir feststellen, dass in der von uns gesetzten Frist bis 12. August keine spezifikationsgerechten Schalter der Marke „Schnapp Z100" geliefert wurden.
>
> Nach fruchtlosem Fristablauf machen wir daher von unserem Recht auf Rücktritt vom Kaufvertrag Gebrauch.
>
> Wir dürfen Sie daher auffordern, den von uns bereits entrichteten Kaufpreis in Höhe von 13.000 EUR unverzüglich auf unser Geschäftskonto zurück zu überweisen. Im Gegenzug steht die von Ihnen gelieferte Ware zur Abholung bereit. Die Geltendmachung weitergehender Rechte bleibt vorbehalten.
>
> Mit freundlichen Grüßen,
>
> Groß, Geschäftsführer"

4.3 Minderung

Da die Geschäftsbeziehung mit der Luftig GmbH ansonsten reibungslos verlaufen, überlegt es sich Geschäftsführer Groß, ehe er das Rücktrittsschreiben losgeschickt hat, doch noch anders und will nicht vom Kaufvertrag zurücktreten. Die unpassenden Schalter können nämlich durch Zufall in anderen Geräten verwendet werden, wo sie allerdings farblich nicht optimal passen. Daher will Groß zumindest eine Minderung des Preises erreichen.

Voraussetzungen der Minderung

1. Kaufvertrag, § 433 BGB
2. Sach- oder Rechtsmangel, §§ 434, 435 BGB (auch unerhebliche)
3. Erfolgloser Ablauf einer angemessenen Frist zur Nacherfüllung

Entbehrlich in den gleichen Fällen wie der Rücktritt

Voraussetzungen des Minderungsanspruchs

Die Minderung steht gem. § 441 I BGB alternativ neben dem Rücktritt („statt"). Es sind also stets die Rücktrittsvoraussetzungen herbeizuführen. Rücktritt und Minderung können dennoch nicht nebeneinander geltend gemacht werden.

Minderung ist die Alternative zum Rücktritt, § 441 I BGB

Grundsätzlich ist vom Käufer aber zunächst wieder der Erfüllungsanspruch aus § 433 I 2 BGB im Wege der Nacherfüllung zu verfolgen – notfalls durch Fristsetzung. Nur wenn das nicht zum Ziel führt, ist der Weg frei für weitere Rechtsbehelfe, wie zum Beispiel Minderung.

Vorrang hat der Erfüllungsanspruch!

Auch die Minderung setzt einen Sach- oder Rechtsmangel voraus, kann aber im Gegensatz zum Rücktrittsrecht auch bei unerheblichen Mängeln (§ 441 I 2 BGB) geltend gemacht werden.

Auch bei unerheblichen Mängeln

Angemessene Frist zur Nacherfüllung

Weitere Voraussetzung ist auch hier der erfolglose Ablauf einer angemessenen Frist zur Nacherfüllung. Diese ist in den gleichen Fällen wie beim Rücktritt entbehrlich.[55]

Im **Ausgangsfall** könnte ein Minderungsschreiben etwa wie folgt aussehen:[56]

Praxistipp

> „An die Luftig GmbH, vertreten durch ihren Geschäftsführer Herrn Lerche.
>
> Waldstadt, 13. August 2003
>
> Sehr geehrter Herr Lerche,
>
> leider mussten wir feststellen, dass in der von uns gesetzten Frist bis 12. August keine spezifikationsgerechten Schalter der Marke „Schnapp Z100" geliefert wurden.
>
> Nach fruchtlosem Fristablauf machen wir daher von unserem Recht auf Minderung des Kaufpreises Gebrauch und setzen den Preis pro Stück von 30 Cent auf 25 Cent herab. Die Geltendmachung weitergehender Rechte bleibt vorbehalten. Die entsprechend noch offene Summe aus Ihrer Rechnung erhalten Sie demnächst auf Ihr Konto überwiesen.
>
> Mit freundlichen Grüßen,
>
> Groß, Geschäftsführer"

---

[55] Vgl. Palandt / *Putzo*, Bürgerliches Gesetzbuch, 62. Auflage, C.H. Beck, München 2003, § 437 – Rn. 28 ff..
[56] **Hinweis:** Eine Minderung ist natürlich nur noch dann möglich, wenn nicht bereits zuvor der Rücktritt erklärt wurde! Das Minderungsschreiben und die Rücktrittserklärung im Abschnitt vorher sind also nicht zusammen möglich: entweder – oder!

4.4 Schadensersatz

Aufgrund der Lieferung der unpassenden Teile musste die Produktion der Gastronomiespüler ausgesetzt werden. Aus diesem Grunde verlor die Waldmann GmbH einen Auftrag der Flausch AG, welche 50 Spüler bestellt hatte, diese aber fix bis zum 12. August benötigt hätte. Die Flausch AG bezog die Spüler schließlich von einem Konkurrenten der Waldmann GmbH, so dass dieser ein Schaden in Form von entgangenem Gewinn in Höhe von 10.000 EUR entstand. Geschäftsführer Groß fragt Anwalt Dr. Matlock nach den Chancen der Waldmann GmbH, die Luftig GmbH dafür in die Verantwortung zu nehmen.

Beispiel

Übersicht über die Voraussetzungen des Schadensersatzanspruchs:

1. Kaufvertrag, § 433 BGB

2. Sach- oder Rechtsmangel, §§ 434, 435 BGB (auch unerhebliche; keine Zusicherung mehr nötig)

3. Erfolgloser Ablauf einer angemessenen Frist zur Nacherfüllung

4. Verschulden des Verkäufers (Beweislastumkehr zu seinen Lasten: § 280 I 2 BGB)

5. Schadensersatz jetzt auch neben Rücktritt möglich, § 325 BGB

Voraussetzungen des Schadensersatzanspruchs

Voraussetzung des Schadensersatzanspruchs nach §§ 437 Nr. 3, 280 ff BGB ist eine Pflichtverletzung durch einen Sach- oder Rechtsmangel. Das heißt, es wird – anders als bisher (!) – nicht mehr lediglich auf eine Zusicherung oder das arglistige Verschweigen eines Fehlers abgestellt.

§§ 437 Nr. 3, 280 ff BGB

Der Schadensersatzanspruch ist jetzt **verschuldens*ab*hängig,** wobei der Verkäufer die Beweislast für sein Nichtverschulden trägt (§ 280 I 2 BGB). **Bei** Abgabe einer **Garantie** oder einer

verschuldensabhängig

§ 276 I 1 BGB	**Zusicherung** kann er diesen **Entlastungsbeweis nicht** mehr führen, § 276 I 1 BGB.
Frist zur Nacherfüllung	Weitere Voraussetzung dieses Anspruchs ist der erfolglose Ablauf einer angemessenen **Frist zur Nacherfüllung**. Diese ist in folgenden Fällen entbehrlich:[57]

Praxistipp

> - Verkäufer verweigert zu Recht beide Arten der Nacherfüllung
> - Nacherfüllung ist fehlgeschlagen (zwei Fehlschläge) oder unzumutbar
> - Ernsthafte und endgültige Nacherfüllungsverweigerung durch den Verkäufer
> - Sonstige besondere Umstände, die zum sofortigen Schadensersatz berechtigen

Doppelbelastung, § 325 BGB	Von jetzt an kann der Käufer vom Vertrag zurücktreten und trotzdem Schadensersatz verlangen (**Doppelbelastung**), § 325 BGB.
Mangelschaden	Beim Schadensersatzanspruch ist zwischen dem Ersatz des eigentlichen **Mangelschadens** und dem Ersatz des weiteren Schadens (**Mangelfolgeschaden**) zu unterscheiden.[58] Bei den letztgenannten Ansprüchen gilt der Vorrang der Nacherfüllung nicht. Folge: Hier benötigt man keine Fristsetzung.

Beispiel

Mangelschaden:	Minderwert der Kaufsache; Reparaturkosten etc.
Mangelfolgeschaden:	Personenschäden infolge des mangelhaften Produkts; Sachschäden außerhalb der Kaufsache infolge deren Fehlerhaftigkeit; entgangener Gewinn etc.

---

[57] Vgl. dazu die §§ 440, 281 II und 323 II BGB.
[58] Der Mangelschaden wird über §§ 280, 281 ersetzt, der Ersatz des Mangelfolgeschadens richtet sich nur nach § 280 I BGB.

Ein Beispiel eines Schreibens mit Schadensersatzforderung könnte im Ausgangsfall wie folgt aussehen:

> „An die Luftig GmbH, vertreten durch ihren Geschäftsführer Herrn Lerche.
>
> Waldstadt, 13. August 2003
>
> Sehr geehrter Herr Lerche,
>
> leider mussten wir feststellen, dass in der von uns gesetzten Frist bis 12. August keine spezifikationsgerechten Schalter der Marke „Schnapp Z100" geliefert wurden.
>
> Nach fruchtlosem Fristablauf fordern wir Sie daher zum Ersatz des uns entstandenen Schadens auf. Aufgrund Ihrer mangelhaften Lieferung konnten wir eine Bestellung der Flausch AG nicht fristgerecht ausführen. Aus diesem Grunde zog die Flausch AG den Auftrag zurück. Dabei entging uns Gewinn in Höhe von 10.000 EUR. Eine nachprüfbare Aufstellung entnehmen Sie bitte der Anlage zu diesem Schreiben. Die Geltendmachung weiterer Schäden wird ausdrücklich vorbehalten.
>
> Wir fordern Sie daher auf, den geltend gemachten Betrag bis spätestens 20. August auf unser Geschäftskonto zu überweisen. Andernfalls sehen wir uns gezwungen, weitergehende rechtliche Schritte gegen Sie einzuleiten.
>
> Mit freundlichen Grüßen,
>
> Groß, Geschäftsführer"

Praxistipp

4.5 Aufwendungsersatz

Aufwendungsersatz

Die Waldmann GmbH wollte einige der Gastronomiespüler auf einer Messe für Hotelbetriebe ausstellen. Infolge des Produktionsstillstandes war dies aber nicht mehr möglich, auch andere ausstellungsfähige Spülmaschinen hatte die Waldmann GmbH nicht auf Lager. Aus diesem Grunde musste die Präsentation auf der Ausstellung abgesagt werden. Geschäftsführer Groß fragt sich, ob er die nutzlosen Aufwendungen von der Luftig GmbH ersetzt verlangen kann.

Übersicht über die Voraussetzungen des Aufwendungsersatzanspruchs

Voraussetzungen des Anspruchs auf Aufwendungsersatz

1. Kaufvertrag, § 433 BGB

2. Sach- oder Rechtsmangel, §§ 434, 435 BGB (auch unerhebliche)

3. Erfolgloser Ablauf einer angemessenen Frist zur Nacherfüllung

4. Verschulden des Verkäufers (aber: Beweislastumkehr: § 280 I 2 BGB)

5. Aufwendungsersatz auch neben Rücktritt möglich, § 325 BGB

Es besteht für den Käufer auch die Möglichkeit, unter Verzicht auf den Schadensersatz den Ersatz seiner vergeblichen Aufwendungen zu verlangen.[59]

§ 437 Nr. 3 i. V. m. § 284 BGB

Dafür müssen dieselben Voraussetzungen wie beim Schadensersatz vorliegen.

Zurück zum Ausgangsfall:

Die Waldmann GmbH kann von der Luftig GmbH Ersatz ihrer vergeblichen Aufwendungen (Standmiete, Dekorationsmaterial etc.) verlangen.

---

[59] Vgl. Palandt / *Putzo*, Bürgerliches Gesetzbuch, 62. Auflage, C.H. Beck, München 2003, § 437 Rn. 37 ff.

5. Die Verjährung kaufrechtlicher Sachmängelrechte

Übersicht über die Verjährungsfristen

	Norm	Dauer in Jahren
Allgemeine Regelverjährung	§ 195 BGB	3
Kaufrechtliche Regelverjährung (bei Sach- oder Rechtsmängeln)	§ 438 I Nr. 3 BGB	2
Ausnahme 1: Bauwerke und „Baumaterial"	§ 438 I Nr. 2 BGB	5
Ausnahme 2: Mangel in dinglichem Recht	§ 438 I Nr. 3 BGB	30
Ausnahme 3: Arglistiges Verschweigen des Verkäufers	§ 438 III BGB	3

Aufgrund der auf den ersten Blick schwer überschaubaren Vielzahl von Verjährungsfristen bittet Geschäftsführer Groß im Rahmen der Einrichtung eines funktionierenden Forderungsmanagements seinen Anwalt Dr. Matlock um eine Zusammenstellung der für die Waldmann GmbH wichtigen Fristen.

Beispiel

Die allgemeine regelmäßige Verjährungsfrist beträgt nach § 195 I BGB **drei Jahre**. Sie gilt beispielsweise für die Verjährung von Kaufpreis- oder Werklohnansprüchen.

Allgemeine Regelverjährung, § 195 I BGB

Die Verjährungsfrist für *Mängel*ansprüche **beträgt** bei **beweglichen** Sachen im neuen *Kauf*recht gemäß § 438 I Nr. 3 BGB regelmäßig **zwei Jahre** (regelmäßige Sachmängelhaftungsverjährungsfrist).

Regelverjährung im Kaufrecht zwei Jahre, § 438 I Nr. 3 BGB

Darüber hinaus gibt es noch eine **fünfjährige** und eine **dreißigjährige** Verjährungsfrist:

Bauwerke „Baumaterial"

fünf Jahre

Bei einem gekauften Bauwerk und bei Baumaterial, *wenn* die Sache entsprechend der üblichen Verwendungsweise[60] für ein Bauwerk verwendet worden ist *und* dessen Mangelhaftigkeit verursacht hat, beträgt die Frist **fünf Jahre** (§ 438 I Nr. 2 BGB).

Beispiele

Beispiele für Baumaterialien:[61]
Beton, Bauholz, Zement, Dachplatten, Fußbodenheizung, Fenster etc.

Noch ungeklärt, aber wohl zu bejahen: Fest mit dem Haus verbundene Duschkabinen, etc.

Gegenbeispiele: Einbauherde, Geschirrspülmaschinen, Kühlschränke etc.

Eviktionsfälle

30 Jahre

Die Ansprüche auf Nacherfüllung, Schadensersatz und Ersatz vergeblicher Aufwendungen verjähren in **dreißig Jahren**, *wenn* der Mangel in einem dinglichen Recht eines Dritten besteht, auf Grund dessen die Herausgabe der Kaufsache verlangt werden kann (sog. Eviktionsfälle, § 438 I Nr. 1).[62]

Beispiel

Beispiel:[63] So kann einem Dritten ein Recht auf Herausgabe der Kaufsache nach § 985 BGB zustehen, wenn der Verkäufer dem Käufer das Eigentum daran nicht verschaffen konnte. Gleiches gilt bei Belastung mit dem Nießbrauch eines Dritten (§§ 1030, 1036 I BGB): Ein solcher berechtigt zum Besitz der Sache; kann das Eigentum dann nicht gemäß § 936 BGB frei von Rechten Dritter erworben werden (etwa weil die Sache abhanden gekommen war), greift die 30jährige Verjährungsfrist für Ansprüche deswegen ein.

---

[60] Hierbei kommt es nicht darauf an, ob der Lieferant im Einzelfall von der konkreten Verwendungsweise Kenntnis hat (objektive Auslegung).
[61] Palandt / *Putzo*, Bürgerliches Gesetzbuch, 61. Auflage, C.H. Beck, München 2002, § 438 - Rn. 10.
[62] Vgl. *Weber/Dospil/Hanhörster*, Neues Schuldrecht, 1. Auflage, Heymanns, Köln 2002, S. 139.
[63] Palandt / *Putzo*, Bürgerliches Gesetzbuch, 62. Auflage, C.H. Beck, München 2003, § 438 - Rn. 6.

Bei **Arglist** verjähren die Mängelansprüche in der regelmäßigen Verjährungsfrist nach § 195 BGB in **drei Jahren**, § 438 III 1 BGB. Die regelmäßige Verjährungsfrist beginnt gemäß § 199 BGB am Schluss des Jahres, in dem der Anspruch entstanden ist und der Käufer von den den Anspruch begründenden Tatsachen Kenntnis erlangt oder ohne grobe Fahrlässigkeit erlangen musste; Verjährung tritt aber spätestens zehn Jahre nach Entstehung der Sachmängelansprüche ein (§ 199 III S. 1 Nr. 1 BGB). Sollte allerdings die 30- beziehungsweise fünfjährige Verjährungsfrist laufen, tritt Verjährung nicht vor Ende dieser Fristen ein, da der Käufer ansonsten benachteiligt würde, § 438 III 2 BGB.

Arglist

3 Jahre

Rücktritt und Minderung sind Gestaltungsrechte und unterliegen daher grundsätzlich nicht der Verjährung wie Ansprüche (§ 194 BGB). Abhilfe schafft hier jedoch die Vorschrift des § 218 BGB: Danach sind Rücktritt und Minderung dann nicht mehr möglich, wenn bereits der Nacherfüllungsanspruch verjährt ist und der Verkäufer sich darauf beruft.

Rücktritt und Minderung

Übersicht über die „verjährungsfähigen" Rechte

Sachmangelrecht	Verjährungsregelung
Nacherfüllung	Verjährung nach § 438 BGB
Minderung	Keine Verjährung, aber § 218 BGB
Rücktritt	Keine Verjährung, aber § 218 BGB
Schadens- und Aufwendungsersatz	Verjährung nach § 438 BGB

Verjährungsfähige Rechte

Die Verjährung **beginnt** bei Grundstücken mit der Übergabe und bei Sachen mit der Ablieferung (§ 438 II BGB).

Verjährungsbeginn

Dem Thema der **Verjährungsverkürzung** ist ein eigenes Kapitel gewidmet.[64]

Verjährungsverkürzung

---

[64] Vgl. Kapitel 5 Ziffer 3.5.3.

Hemmung und Neubeginn der Verjährung

Änderungen durch die Schuldrechtsreform ergeben sich auch im Bereich der **Hemmung und Unterbrechung** der Verjährung (§§ 203 ff BGB): Die Unterbrechung der Verjährung wurde umbenannt in „**Neubeginn der Verjährung**".

Praxistipp

- **Hemmung** bedeutet, dass der Zeitraum, in dem das hemmende Ereignis andauert, in die Verjährung nicht eingerechnet wird.

- **Neubeginn** der Verjährung heißt, dass nach Wegfall des unterbrechenden Ereignisses die Frist von vorne läuft.

Bisher gab es ein *ausgewogenes Verhältnis* zwischen Hemmungs- und Unterbrechungstatbeständen. Seit Inkrafttreten der Schuldrechtsreform gibt es kaum noch Unterbrechungs-, sondern fast nur noch Hemmungstatbestände. Dies hat eine Beschleunigung des Geschäftsverkehrs zur Folge.

Tipps:[65]

Praxistipp

- Die wichtigsten Fälle der Klageerhebung sowie der Zustellung eines Mahnbescheids im Mahnverfahren führen jetzt nur noch zu einer Hemmung der Verjährung!

- Nach wie vor gilt aber: Nicht die Mahnung, sondern der gerichtliche Mahnbescheid (oder eine Klage) ist erforderlich, um die Verjährung zu hemmen!

- Auch das selbständige Beweisverfahren führt nur noch zur Verjährungshemmung.

---

[65] Vgl. dazu § 204 BGB.

Abschließendes **Berechnungsschema** für die Verjährung am Beispiel der Verjährung von Sachmängelhaftungsansprüchen:

1. Beginn der Verjährungsfrist?

Bei beweglichen Sachen: Mit der Ablieferung.

Bei Grundstücken: Mit der Übergabe.

Berechnungsschema für die Verjährung

2. Länge der Verjährungsfrist?

Gesetzlich: § 438 I BGB.

Also: 2, 3, 5 oder 30 Jahre!

Vertragliche wirksame Verlängerung oder Verkürzung?

3. Hemmung oder Neubeginn der Verjährung?

Bei der Hemmung darf die Zeit währenddessen nicht eingerechnet werden.

Beim Neubeginn beginnt die Verjährungsfrist dagegen wieder von vorne zu laufen.

4. Eintritt der Verjährung?

Beispiel: Die Waldmann GmbH kaufte bei der Luftig GmbH die oben erwähnten Schalter am 21. Juli 2003 (Kaufvertrag) und rügte die aufgetretenen Mängel unverzüglich.

Die Verjährung beginnt mit der Ablieferung, hier also mit der Lieferung am 1. August 2003.

Damit verjähren Ansprüche aus vertraglicher Sachmängelhaftung in 2 Jahren, § 438 I Nr. 3 BGB n.F. und wären nur noch bis 1. August 2005, 24 Uhr durchsetzbar.

Beispiel

6. Beweislastverteilung bei der Sachmängelhaftung

Die Luftig GmbH schreibt Geschäftsführer Groß in Folge seines Schreibens hinsichtlich der Schadensersatzforderung zurück und verweigert die Zahlung mit dem Argument, die Schalter seien nicht mangelhaft gewesen, als sie geliefert wurden. Wenn, dann seien sie von Waldmanns Mitarbeitern bei der Montage beschädigt worden. Groß wendet sich an Anwalt Matlock und fragt, wer in einem gerichtlichen Verfahren was zu beweisen hätte.

Beweislastverteilung

Von erheblicher Wichtigkeit ist im Falle eines gerichtlichen Verfahrens stets die Frage, wer was zu beweisen hat (**Beweislastverteilung**).

Praxistipp

> **Faustformel:**
>
> Der Anspruchsteller hat alle anspruchsbegründenden Voraussetzungen darzulegen (vorzubringen) und im Bestreitensfall zu beweisen.

Daher muss der Käufer beweisen, dass

Praxistipp

> - er mit dem Verkäufer einen Kaufvertrag geschlossen hat,
> - die Kaufsache einen Sach- oder Rechtsmangel aufweist und
> - dieser Sach- oder Rechtsmangel bereits bei Gefahrenübergang vorhanden war.[66]

---

[66] **Hinweis:** Beim Kauf beweglicher Sachen muss der Mangel im Zeitpunkt der Übergabe vorhanden sein, also nicht erst später durch fehlerhafte Bedienung, Wartung oder üblichen Verschleiß auftreten. Entscheidend ist die Frage, ob der Mangel bei Gefahrübergang bereits angelegt war, er muss noch nicht zu Tage getreten sein (versteckter Mangel).

Im Falle einer Haltbarkeitsgarantie muss der Käufer nicht mehr beweisen, dass die Sache **bei Gefahrenübergang** mangelhaft war; dies wird dann vermutet, § 443 II BGB.[67]

Haltbarkeitsgarantie

Für den Fall, dass es sich beim Käufer um einen Verbraucher handelt und ein **Verbrauchsgüterkauf** vorliegt, gelten weitere Beweiserleichterungen (§ 476 BGB – Beweislastumkehr in den ersten sechs Monaten). Dem Verbrauchsgüterkauf ist ein eigenes Kapitel gewidmet.[68]

Verbrauchsgüterkauf

Der Verkäufer muss im Fall seiner Inanspruchnahme auf **Schadens- oder Aufwendungsersatz** wegen der Beweislastumkehr in § 280 I 2 BGB sein Nicht-Verschulden beweisen. Im Falle einer Zusicherung oder Garantie ist ihm dieser Beweis abgeschnitten, § 276 I 1 BGB!

Schadens- oder Aufwendungsersatz

---

[67] Palandt / *Putzo*, Bürgerliches Gesetzbuch, 62. Auflage, C.H. Beck, München 2003, § 443 Rn. 25.
[68] Vgl. Ziffer 7.

Zusammenfassender Überblick:

Voraussetzung	Beweisbelasteter	Anmerkungen
Kaufvertrag	Käufer	
Sachmangel	Käufer	
Vorliegen bei Gefahrübergang	Käufer	**Ausnahme 1:** Bei Abgabe einer Garantie durch den Verkäufer (während der gesamten Garantiezeit) **Ausnahme 2:** Im Falle des § 476 BGB (Verbrauchsgüterkauf - während der ersten 6 Monate)
Schaden (im Falle des Schadensersatzes) oder Aufwendungen (im Falle des Aufwendungsersatzes)	Käufer	
Verschulden (im Falle des Schadens- oder Aufwendungsersatzes)	**Verkäufer muss sein Nichtverschulden beweisen.** **Grund:** Hier greift die Beweislastumkehr aus § 280 I 2 BGB ein.	Dem Verkäufer ist der Gegenbeweis jedoch abgeschnitten bei Abgabe einer Zusicherung oder einer Garantie (§ 276 BGB).

7. Der Verbrauchsgüterkauf

Weiterführende Literatur:

Bamberger/ Roth/ *Faust*, Bürgerliches Gesetzbuch. Kommentar, Band I, C.H. Beck, München, 2003 § 474, Dauner- Lieb/ Heidel/ Lepa/ Ring/ *Büdenbender*, Das neue Schuldrecht, 1. Auflage, C.F. Müller, Heidelberg, 2002 § 8, Rn. 79 ff., *Hoffmann*, Verbrauchsgüterkaufrichtlinie und Schuldrechtsmodernisierungsgesetz, ZRP 2001, 347 ff.; *Honsell*, Die EU- Richtlinie über den Verbrauchsgüterkauf und ihre Umsetzung ins BGB, JZ 2001, 278 ff; *Huber/ Faust, Schuldrechtsmodernisierung*, 1. Auflage, C.H. Beck, München, 2002, S. 393 ff; Palandt- Ergänzungsband/ *Putzo,* 61. Auflage, §§ 474- 479; *Jorden/ Lehmann,* Verbrauchsgüterkauf und Schuldrechtsmodernisierung, JZ 2001, 952 ff; *Lorenz/ Riehm*, Lehrbuch zum Neuen Schuldrecht, 1. Auflage, C.H. Beck, München 2002, Rn. 466, 479, 559, 564, 583; *Maultzsch*, Schuldrechtsmodernisierung 2001/ 2002: Der Regress des Unternehmers beim Verbrauchsgüterkauf, JuS 2002, 1171 ff; *Medicus,* Schuldrecht II BT, 11. Auflage, C.H. Beck, München 2002 § 75, Rn. 80 ff; *Müller*, Die Umgehung des Rechts des Verbrauchsgüterkaufs im Gebrauchtwarenhandel, NJW 2003, 1975 ff; *Schmid- Räntsch,* Das neue Schuldrecht, Heymanns, Köln 2002 Rn. 910 ff; Schwab/ Witt/ *Schubel*, Einführung in das neue Schuldrecht, 1. Auflage, C.H. Beck, München 2002, S. 123 ff; *Vossmann*, Gesetzliche Mängelhaftung gemäß der europäischen Richtlinie über den Verbrauchsgüterkauf bürgerliches Gewährleistungsrecht, 2001; *Wrase/ Müller- Helle*: Aliud- Lieferung beim Verbrauchsgüterkauf- ein nur scheinbar gelöstes Problem, NJW 2002, 2537 ff.

Literatur

Wer den Schaden hat ...

> Günther Groß weiß aus einem Seminar, dass beim so genannten Verbrauchsgüterkauf den Unternehmer besondere Pflichten treffen. Da die Waldmann GmbH die eingangs genannten Toaster breit angelegt verkauft, fragt er sich, ob er davon betroffen sein kann.

Verbrauchsgüterkauf, § 474 ff BGB

Ein Verbrauchsgüterkauf hat entgegen dem Wortlaut nichts damit zu tun, dass „Verbrauchsgüter" verkauft werden. Es geht vielmehr um einen

Voraussetzungen

- Kaufvertrag
- über eine bewegliche Sache,
- der zwischen einem Unternehmer als Verkäufer
- und einem Verbraucher als Käufer abgeschlossen wird (§ 474 I 1 BGB).

Unternehmer, § 14 BGB

Ein **Unternehmer** ist ein natürliche oder juristische Person (GmbH, AG etc.) oder eine rechtsfähige Personengesellschaft (GbR, OHG, KG etc.), die das Rechtsgeschäft in Ausübung ihrer gewerblichen oder selbständigen beruflichen Tätigkeit abschließt, § 14 BGB.

Verbraucher, § 13 BGB

Verbraucher ist eine natürliche Person, die das Rechtsgeschäft zu einem Zweck abschließt, der weder ihrer gewerblichen noch selbständigen beruflichen Tätigkeit zugerechnet werden kann, § 13 BGB.

Beispiele

Beispiel 1: Kauft der Hotelier Hein den Toaster von der Waldmann GmbH für seinen Hotelbetrieb, so handelt er als Unternehmer.

Beispiel 2: Kauft er den Toaster aber als liebevolles Geburtstagsgeschenk für seine Frau, ist er Verbraucher.

Der Verbrauchsgüterkauf ist kein eigenständiger Kaufvertrag. Er hat vielmehr die **Funktion**, den Verbraucher gegenüber dem Unternehmer zu schützen.

Schutz des Verbrauchers

Dazu verleiht er dem Verbraucher auf der einen Seite einige zusätzliche Rechte, auf der anderen Seite legt er einen „Schutzmantel" um bestimmte Vorschriften des BGB, die dem Verbraucher dienlich sind und dann nicht mehr abgeändert werden dürfen.

Übersicht über die Auswirkungen des Verbrauchsgüterkaufs

Norm	Umschreibung der Auswirkungen
§ 475 BGB	Schutzmantel für käufergünstige Normen
§ 476 BGB	6-monatige Beweislastumkehr bezüglich eines „anfänglichen Mangels"
§ 477 BGB	Sonderbestimmungen für Garantien
§§ 478 f. BGB	Unternehmerrückgriff

7.1 Schutzmantelfunktion

§ 475 I BGB legt um bestimmte Vorschriften einen Schutzmantel, der dazu führt, dass von diesen Normen **nicht mehr abgewichen** werden darf, beispielsweise von den Vorschriften über Sach- und Rechtsmängel. Eine Abweichung ist dabei weder durch AGB noch durch Individualvereinbarungen zulässig.

Schutzmantelfunktion

> **Beispiel 1:** Der Verkäufer darf die Sachmängelrechte des Verbrauchers entgegen § 434 BGB nicht auf das Vorliegen nicht unerheblicher Mängel beschränken.

Beispiel

Beispiele

Beispiel 2: Er darf auch das Wahlrecht bei der Nacherfüllung nicht auf sich übertragen.

Beispiel 3: Dem Verkäufer dürfen seine gesetzlichen Mängelrechte nicht beschnitten werden, also etwa das Recht zur Minderung genommen werden.

§ 475 II BGB verbietet es darüber hinaus, Verjährungsfristen bei neuen Sachen unter zwei Jahre, bei gebrauchten Sachen unter ein Jahr zu verkürzen:

Beispiele

Beispiel 1: Verkauft die Waldmann GmbH neue Toaster im Direktverkauf an einen Verbraucher, darf sie die Verjährung für Sachmängelansprüche nicht unter zwei Jahre verkürzen.

Beispiel 2: Verkauft sie einen gebrauchten Betriebs-Pkw an einen Verbraucher (etwa einen Mitarbeiter der Waldmann GmbH), darf sie die Verjährung nicht unter ein Jahr verkürzen. Die Formel „Gekauft wie besichtigt unter Ausschluss jeglicher Gewährleistung" ist in diesen Fällen unwirksam und führt zur Anwendung der gesetzlichen zweijährigen Verjährungsfrist!

7.2 Beweislastumkehr

Will ein Käufer seine Sachmängelrechte geltend machen, muss er normalerweise beweisen, dass die Kaufsache den Mangel bereits von Anfang hat.

Beweislastumkehr beim Verbrauchsgüterkauf

Davon gibt es nur zwei Ausnahmen: Im Falle einer Garantie wird dies für die gesamte Garantiezeit unwiderleglich vermutet. Und im Falle des Verbrauchsgüterkaufs führt § 476 BGB zu einer Vermutung, dass es sich um einen anfänglichen Fehler handelt – dies gilt allerdings nur während der ersten sechs Monate seit Gefahrübergang.

Beispiele

Beispiel 1: Die Waldmann GmbH verkauft auch Klein-Traktoren mit Kabine zum Rasenmähen. Der reiche Erbe Dr. Million kauft sich im August einen solchen zur Pflege des englischen Rasens seiner privaten Villa. Im Oktober tritt jedoch bereits ein Motorschaden auf. Hier spricht die Vermutung des § 476 BGB nF für einen von Anfang an fehlerhaften Motor.
Von Dr. Million ist zu beweisen, dass der Kauf innerhalb der letzten 6 Monate stattfand sowie dass ein Sachmangel vorliegt (= defekter Motor).
Die Waldmann GmbH muss beweisen, dass der Mangel nicht von Anfang an vorlag (= Gegenbeweis).

Beispiel 2: Zeigt sich dieser Schaden erst im April des darauf folgenden Jahres, ist zwar die Sachmängelverjährungsfrist von zwei Jahren noch nicht verstrichen, jedoch muss jetzt Dr. Million beweisen, dass der Mangel von Anfang an vorlag. Die Waldmann GmbH muss dagegen nichts beweisen. Kann ein Gutachter nicht feststellen, dass der Mangel bereits von Anfang an vorlag, obsiegt die Waldmann GmbH, weil Dr. Million nunmehr wieder die Beweislast trägt.

Beispiel 3: Stellt sich im ersten Beispiel heraus, dass der Motor „aufgefrisiert" wurde, kann die Vermutung widerlegt werden, da hier mehr dafür spricht, dass dies der Grund für den Schaden war. Der Waldmann GmbH kann also die Entkräftung der Vermutung gelingen, so dass erneut Dr. Million beweisen müsste, dass es sich doch um einen anfänglichen Mangel handelte, der nichts mit dem „Auffrisieren" zu tun hatte.

7.3 Sonderbestimmungen für Garantien

Sonderbestimmungen bei Garantien

§ 477 BGB schreibt dem Unternehmer **im Falle des Verbrauchsgüterkaufs** für die Abgabe von Garantien bestimmte Formalien vor:

Praxistipp

- Die Garantie muss einfach und verständlich sein.

- Sie muss einen Hinweis auf die gesetzlichen Rechte sowie darauf enthalten, dass diese durch die Garantie nicht eingeschränkt werden.

- Der Inhalt der Garantie und alle wesentlichen Angaben für ihre Geltendmachung müssen angeführt werden.

- Die Garantie muss in Textform abgegeben werden, sofern der Verbraucher dies verlangt.

Folgen eines Verstoßes

Sind diese Voraussetzungen nicht erfüllt, ist die Garantie nicht unwirksam, § 477 III BGB. Allerdings drohen wettbewerbsrechtliche Konsequenzen wie etwa das Einschreiten von Abmahnvereinen, Klagen nach dem UKlaG oder Abmahnungen durch die Konkurrenz.

Beispiel

Günther Groß tüftelt für einen neuen Toaster der Waldmann GmbH an einer Garantieurkunde. Die Toaster soll ausschließlich an Privatleute verkauft werden, so dass die Anforderungen des § 477 BGB zu beachten sind.

Eine Garantieurkunde könnte somit etwa wie folgt aussehen:

> „Für die Dauer von drei Jahren leistet die Waldmann GmbH Gewähr für die Mangelfreiheit des Toasters. Für den Fall, dass dennoch ein Sachmangel auftritt, werden wir nach unserer Wahl kostenlos einen neuen funktionstüchtigen Toaster liefern.
>
> Die gesetzlichen Rechte des Käufers (Nacherfüllung nach Wahl des Käufers, Minderung oder Rücktritt, Schadens- oder Aufwendungsersatz) werden durch diese Garantie nicht eingeschränkt.
>
> Die Rechte aus der Garantie sind gegenüber der Waldmann GmbH, Seestraße 1 - 3, 99999 Waldstadt, geltend zu machen."

Praxistipp

Ein Beispiel für eine unzulässige Garantieurkunde stellt dagegen diese, der Packungsbeilage einer Kinderarmbanduhr beiliegende Garantiekarte dar:

> „Für diese Armbanduhr leisten wir zwei Jahre Garantie. Die Garantiezeit beginnt am Tag des Kaufs. Bitte bewahren Sie den Kassenbon als Nachweis für den Kauf auf. Während der Garantiezeit können defekte Geräte unfrei an die unten angegebene Serviceadresse gesandt werden. Sie erhalten dann ein neues oder repariertes Gerät kostenlos zurück. Von der Garantie ausgenommen sind Batterien, unsachgemäße Behandlung, Sturz, Stoß und dergleichen. (..).
> Senden Sie Ihre sorgfältig verpackte Uhr bitte an folgende Adresse (...)"

Beispiel

Hier fehlt insbesondere der Hinweis auf die gesetzlichen Rechte des Verbrauchers und darauf, dass diese Rechte durch die Garantie nicht eingeschränkt werden.

Zur Sensibilisierung:

Praxistipp

- Überlegen Sie, ob in Ihrem Unternehmen Garantien abgegeben werden!
- Werden diese auch gegenüber Verbrauchern abgegeben?
- Entsprechen Ihre Garantieurkunden den Vorgaben des Gesetzgebers?
- Wie handhabt die Konkurrenz dieses Problem?

7.4 Rückgriff des Unternehmers

Hintergrund

Hintergrund:

Im früheren Schuldrecht gab es die sehr kurze sechsmonatige Verjährungsfrist bei Sachmängeln. Dies führte dazu, dass der Endhändler gegenüber dem Verbraucher einstehen musste, selbst aber oftmals nicht mehr bei seinem Großhändler Regress nehmen konnte, weil in diesem Vertragsverhältnis meist schon Verjährung eingetreten war. Gleiches galt für Ansprüche des Großhändlers gegen den Hersteller. Um dies zu verhindern, wurde die Regelung des Unternehmerrückgriffs eingeführt.

Rückgriff des Unternehmers

Wenn **beim Verbrauchsgüterkauf** der Letztverkäufer infolge der Mängelhaftungsrechte des Käufers in Anspruch genommen wird, soll der Letztverkäufer seinerseits Rückgriff bei seinem Lieferanten (etwa beim Großhändler) nehmen können. Der Großhändler wiederum soll sich beim Hersteller schadlos halten können, so dass die Anspruchslast im Idealfall bei dem landet, der Mangel ursprünglich verursacht hat.

Lieferkette mit Durchgriff:

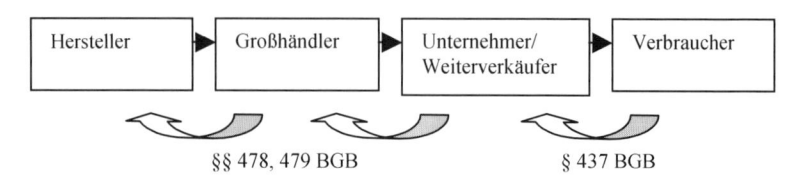

| Hersteller | ▶ | Großhändler | ▶ | Unternehmer/ Weiterverkäufer | ▶ | Verbraucher |

§§ 478, 479 BGB   § 437 BGB

Um dies zu bewerkstelligen, schaffen §§ 478, 479 BGB **Erleichterungen für die Durchsetzung** der Sachmängelhaftungsrechte des Verkäufers gegen seinen Lieferanten.

Erleichterung der Durchsetzung

Klarstellung vorab:

- Der Endverbraucher kann aus dem Rückgriff des Unternehmers keinerlei Rechte herleiten. Er kann insbesondere nicht direkt gegen den Hersteller vorgehen, wenn dieser nicht sein Vertragspartner ist!

- Der Unternehmerrückgriff bringt daher ausschließlich den in der Lieferkette „zwischengeschalteten" Unternehmen etwas.

- Mit einer Ausnahme gibt der Unternehmerrückgriff keine eigenen Ansprüche, sondern erleichtert nur die Durchsetzung von Ansprüchen, welche die Unternehmer gegeneinander ohnehin haben.

- Der Rückgriff des Unternehmers kann nicht dazu führen, dass etwa der Endverkäufer den Großhändler überspringt und sich gleich an den Hersteller wendet.

Praxistipp

Folgende **Faustformeln** lassen sich aus den Regelungen zum Rückgriff des Unternehmers ableiten:

- Die Lieferkette muss aus Kaufverträgen bestehen.

- Am Ende der Lieferkette muss ein Verbrauchsgüterkauf stehen.

- Ein Unternehmer, der im Rahmen der Lieferkette von seinem jeweiligen Vertragspartner in Anspruch genommen wird, kann seinerseits seinem Verkäufer gegenüber seine vertraglichen Sachmängelrechte geltend machen.

- Dies kann er auch dann, wenn im Vertragsverhältnis zu seinem Verkäufer bereits Verjährung eingetreten ist – sofern er sich binnen zwei Monaten nach dem Zeitpunkt an seinen Verkäufer wendet, zu dem er selbst seinen Verpflichtungen seinem Käufer gegenüber nachkam (Ablaufhemmung der Verjährung).

- Die Inanspruchnahme ist nicht mehr möglich, wenn seit Auslieferung mehr als fünf Jahre vergangen sind (Höchstfrist).

Praxistipp

Klingt kompliziert? Zum besseren Verständnis sollen folgende Fälle dienen:

Beispiel

Beispiel 1: Die Waldmann GmbH verkauft einen Toaster im April 2003 an Großhändler Grande, dieser verkauft ihn im August 2003 an den Einzelhändler Enrico und der wiederum im November 2003 an einen Verbraucher Vladimir, der im Oktober 2005 wegen eines Sachmangels Nacherfüllung verlangt.

Lösung:
Obwohl seit dem Einkauf im August 2003 mehr als 2 Jahre vergangen sind, kann Einzelhändler Enrico seine Rechte noch innerhalb von 2 Monaten (nach seiner Nacherfüllung) gegen Großhändler Grande geltend machen. Dieser kann sich seinerseits innerhalb von zwei Monaten an die Waldmann GmbH halten, da auch ihr gegenüber noch keine fünf Jahre seit der Lieferung verstrichen sind.

Beispiel

Beispiel 2: Die Waldmann GmbH verkauft den Toaster erneut an den Großhändler Grande. In den Allgemeinen Geschäftsbedingungen der Waldmann GmbH ist die Verjährung wirksam auf ein Jahr verkürzt worden. Der Großhändler lagert den Toaster zwei Jahre, ehe er ihn an Einzelhändler Enrico verkauft. Dort liegt er zwei Jahre und elf Monate auf Lager bis ihn der Verbraucher Vladimir erwirbt.

Verbraucher Vladimir kann nun seine Sachmängelrechte gegen den Einzelhändler geltend machen, dieser kann – erleichtert durch § 478 BGB – gegen Großhändler Grande vorgehen. Vor Ablauf von fünf Jahren steht nun auch Großhändler Grande das Recht zu, seine Sachmängelrechte unter Zuhilfenahme von § 478 f. BGB gegen die Waldmann GmbH durchzusetzen.

Konkret:
Trotz wirksamer Verkürzung der Verjährung auf ein Jahr kann die Waldmann GmbH bis zu fünf Jahre nach Ablieferung an den Großhändler von diesem in Anspruch genommen werden (2 Jahre + 2 Jahre 11 Monate < 5 Jahre).

Beispiel 3: Wie eben, nur dieses Mal lagert der Großhändler den Toaster drei Jahre, der Einzelhändler wiederum zwei Jahre und elf Monate.

Beispiel

Macht nun der Verbraucher Vladimir seine Sachmängelhaftungsrechte gegen Einzelhändler Enrico geltend, kann dieser im Rahmen des Unternehmerrückgriffs auf Großhändler Grande zurückgreifen. Der Großhändler scheitert allerdings mit einem Rückgriff bei der Waldmann GmbH, da zu diesem Zeitpunkt die Fünf-Jahresfrist des § 479 II 2 BGB nF bereits abgelaufen war (3 Jahre + 2 Jahre 11 Monate > 5 Jahre).

Einer Klärung durch die Rechtsprechung bedürfen unter anderem noch folgende Punkte:

Klärungsbedarf:

Fraglich ist, ob der Rückgriff nur bis zum Hersteller des Endprodukts möglich ist oder auch dessen Zulieferer erfasst. Gegen einen weitergehenden Rückgriff spricht, dass die Zulieferer das Produkt, das letztendlich beim Verbraucher landet, nicht hergestellt haben. Dafür könnten aber Gründe der Gerechtigkeit sprechen, sofern der Zulieferer die Haftung der anderen Unternehmer durch sein fehlerhaftes Teil verursachte.

Zulieferer?

Ebenso problematisch ist, ob die Rückgriffskette durch die Einbeziehung ausländischer Unternehmen oder durch die Insolvenz eines Unternehmens in der Kette unterbrochen wird, was wohl noch zu bejahen sein dürfte.

Auslandsberührung?

Insolvenz?

8. Sonderfall: Garantien

Weiterführende Literaturhinweise:

Literatur	Bamberger/ Roth/ *Faust*, Band I, 1. Auflage, C.H. Beck, München 2003, § 280, Rn. 62; § 443, Rn. 6 ff; *Brox/ Walker,* Besonderes Schuldrecht, 28. Auflage, C.H. Beck , München 2003, S. 69; *Büdenbender,* Das Kaufrecht nach der Schuldrechtsreform (Teil I), DStR 2002, 312 ff; Dauner- Lieb/ *Thiessen,* ZIP 2002, 108 ff; *Westermann,* Das neue Kaufrecht, NJW 2002, 241 ff; *Graf von Westphalen,* Mietrecht und Schuldrechtsreform, NZM 2002, 368, 371; *Hammen,* Zum Verhältnis der Garantie zu den Mängelrechten aus § 437 BGB, NJW 2003, 2588 ff; *Huber/ Faust,* Schuldrechtsmodernisierung, 1. Auflage, C.H. Beck, München, 2002, S. 371; Jauernig- BGB- Komm./ *Teichmann,* § 823, Rn. 123, 10. Auflage, 2003; *Lorenz,* Rücktritt, Minderung und Schadensersatz wegen Sachmängeln nach neuem Kaufrecht- Was hat der Käufer zu vertreten?, NJW 2002, 2497, 2302, *Medicus,* Schuldrecht II BT", 11. Auflage, C.H.Beck, München 2003, § 74, Rn. 75, § 77, Rn. 96; *Mischke,* Die Garantie im Kaufrecht, BB 1995, 1093 ff; *Müller,* Der Garantievertrag im Kaufrecht, ZIP 1981, 707 ff; *Oetker/ Maultzsch,* Vertragliche Schuldverhältnisse, 1. Auflage, Springer, Berlin 2002, S. 126; Palandt Ergänzungsband/ *Putzo,* 61. Auflage, 2002, § 442, Rn. 19, § 443.

Wie eingangs bereits festgestellt, führen Garantien zur strengsten Form der Haftung. Daher ist bei der Ausgestaltung besondere Vorsicht an den Tag zu legen.

Sonderfall Garantien

Klarstellung vorab:

> - Die Garantie hat nichts mit der vertraglichen Sachmängelhaftung nach dem BGB zu tun.
> - Sie steht daneben und gibt dem Käufer zusätzliche Rechte (freiwillig durch den Verkäufer oder den Hersteller gewährt!), nicht Rechte anstelle der gesetzlichen Rechte.
> - In der Praxis wird der Begriff der Garantie häufig verwendet, oft ist damit aber fälschlicherweise nichts anderes als „vertragliche Sachmängelhaftung" gemeint.

Praxistipp

Zu beachten ist, dass es für eine Garantie nicht Wesensvoraussetzung ist, dass dieser **Begriff** verwendet wird. Vielmehr reicht es den Gerichten vollkommen aus, wenn sich die Garantie aus dem **Inhalt** der Urkunde ergibt.[69]

> **Beispiel:** Die Formulierung „stehen wir für die Dauer von 3 Jahren dafür ein, dass die Sache mangelfrei bleibt" stellt eine (Haltbarkeits-) Garantie dar, obwohl der Begriff „Garantie" nicht verwendet wird!

Beispiel

---

[69] Auslegung nach dem Empfängerhorizont, §§ 133, 157, 242 BGB.

Übersicht:
Trennung zwischen Garantie und Sachmängelhaftung

Gesetzliche Sachmängelrechte nach §§ 433 ff BGB

- Nacherfüllung
- Minderung oder Rücktritt
- Schadens- oder Aufwendungsersatz

Zusätzliche Rechte aus der gewährten Garantie

- Nach Wahl des Garantiegebers
- Im Zweifel: Alle denkbaren Rechte
- Daher Tipp: Stets beschränken!

Strenge Trennung der Begriffe!
Die Haftung aus Garantie steht neben der gesetzlichen Sachmängel Haftung!

Schadensfall = Sachmangel

8.1 Ausgestaltung der Inhalte einer Garantie

Da es sich wie erwähnt um **freiwillige** Leistungen des Unternehmens handelt, sind die verschiedensten **Ausformungen und Arten** denkbar. In der Folge sollen einige oft vorkommende Fallgestaltungen vorgestellt werden:

Ausgestaltung der Inhalte

Arten von Garantien

Beschaffenheitsgarantie, § 443 I BGB

Hier werden bestimmte Eigenschaften der Kaufsache garantiert.	Beispiel: „Die Waldmann GmbH garantiert die Rostfreiheit des Traktors."
Die Garantie kann sich auch nur auf bestimmte einzelne Eigenschaften oder Bestandteile der Sache beziehen	Beispiel: „Die Waldmann GmbH garantiert die Rostfreiheit des Unterbodens."

Haltbarkeitsgarantie, § 443 II BGB

Hier wird die Mangelfreiheit der Kaufsache für eine gewisse Zeit garantiert.	Beispiel: „Die Waldmann GmbH garantiert die Mangelfreiheit des Traktors für 3 Jahre."

Lieferzeitgarantien

Sie sind auch bekannt unter dem Begriff des Fixgeschäftes.	Beispiel: „Wir liefern fix am 14. Januar."

Zahlungsgarantien

Hiermit wird die Garantie für die Zahlungsfähigkeit eines Dritten abgegeben. Sie ist insbesondere zu unterscheiden von Bürgschaften, Patronatserklärungen und Schuldbeitritten.	Beispiel: „Die Waldmann GmbH garantiert für die Zahlungen des Tochterunternehmens Segel GmbH hinsichtlich der Forderungen aus dem Vertrag mit der Werft AG."

Achtung:

Praxistipp

- Wird eine Garantie inhaltlich nicht eingeschränkt, so hat der Begünstigte bei Haltbarkeits- oder Beschaffenheitsgarantien im Zweifel alle Rechte (Nacherfüllung, Minderung, Rücktritt, Schadens- und Aufwendungsersatz)!

- Wird eine Garantie zeitlich nicht eingegrenzt, gilt für die Rechte aus der Garantie nicht die kurze kaufrechtliche Regelverjährung von zwei Jahren, sondern nach § 195 BGB die allgemeine Regelverjährung von 3 Jahren!

8.2 Ausgestaltung der Rechte aus einer Garantie

Tipp:

Praxistipp

- Aufgrund der strengen Haftung, die Garantien auslösen, sollten die Rechte aus der Garantie unbedingt auf ein Mindestmaß reduziert werden.

Beispiel

Beispiele: Garantien sollten zeitlich eingegrenzt sein. Nach Möglichkeit sollte man nur wenig Rechte gewähren (etwa nur das Recht auf Nachbesserung oder nur das Recht auf Ersatzlieferung; oder aber bei Schadensersatz nur Ersatz des unmittelbaren Schadens ohne entgangenen Gewinn).

8.3 Ausgestaltung beim Verbrauchsgüterkauf

Besonderheiten beim Verbrauchsgüterkauf

Wird eine Garantie im Rahmen eines Verbrauchsgüterkaufs abgegeben, so sind die unter Kapitel 2 Ziffer 7.3 angeführten Punkte zu beachten. Dies sollte aus Klarheitsgründen ohnehin bei allen Garantien beachtet werden.

8.4 Rechtliche Folgen einer Garantie

Die Folgen einer Garantie sind abhängig von den inhaltlichen und rechtlichen Ausformungen und der Person des Begünstigten.

Rechtsfolgen einer Garantie

8.4.1 Abhängigkeit von der inhaltlichen und rechtlichen Ausgestaltung

Die Rechte aus einer Garantie hängen ganz wesentlich davon ab, wie viel der Garantiegeber dem Begünstigten gewähren will.

Abhängigkeit von Inhalt und Rechten

Ohne Einschränkungen wird im Zweifel das weitest mögliche Zugeständnis angenommen.

Grundsätzlich kommt es dann nicht nur (wie bei einer bloßen Zusicherung) zu einer unwiderleglichen Beweislastumkehr bezüglich des Verschuldens. Es wird darüber hinaus auch vermutet, dass der Sachmangel bereits bei Gefahrenübergang, also von Anfang an, vorlag.

> **Beispiel:** Ein Hersteller von Sportbrillen sagt deren „garantierte Bruchsicherheit" zu. Kommt es entgegen dieser Garantie doch zu einem Glasbruch und verletzt sich der Brillenträger dadurch am Auge, ist der Hersteller nicht lediglich zur Ersatzlieferung einer neuen Brille, sondern auch zu Schadensersatzzahlungen verpflichtet – aufgrund der Garantie kann er ein etwaiges Nichtverschulden nicht mehr einwenden!

Beispiel

8.4.2 Abhängigkeit von der Person des Begünstigten

Abhängigkeit vom Adressaten

Ist der Begünstigte gleichzeitig auch Vertragspartner des Kaufvertrags, stehen ihm die Rechte aus der Garantie neben den Rechten aus dem Kaufvertrag zu.

Ist der Begünstigte dagegen ein fremder Dritter, so stehen ihm gegen diesen nur die Rechte aus der Garantie zu.

Beispiel: Die Waldmann GmbH legt ihren Toastern Garantieurkunden bei. Die Toaster werden dabei zum einen im Direktverkauf, zum anderen über Baumärkte vertrieben.

Beim Direktverkauf stehen dem Käufer neben seinen Rechten aus der vertraglichen Sachmängelhaftung auch die Rechte aus der Garantie zu.

Beim Verkauf über die Baumärkte ist der Endkunde dagegen nicht Vertragspartner der Waldmann GmbH. Deshalb stehen ihm gegen diese ausschließlich die Rechte aus der Garantie zu. Gegen den Baumarkt hat der Kunde dagegen parallel hierzu seine gesetzlichen Rechte aufgrund des Kaufvertrags (Nacherfüllung, Minderung oder Rücktritt, Schadens- oder Aufwendungsersatz).

8.5 Hinweise für die Handhabung in der Praxis

Folgende **Regeln** sollten in der Praxis unbedingt Beachtung finden, um böse Überraschungen zu vermeiden:

- **Streichen** Sie als Verkäufer grundsätzlich aus sämtlichen Geschäftsunterlagen das Wort „Garantie".

- **Lassen Sie sich** umgekehrt im Bereich des Einkaufs viele Garantien geben!

- **Überlegen** Sie gut, ob Sie wirklich eine Garantie mit all ihren weitreichenden Folgen abgeben wollen.

- **Überprüfen** Sie Ihre Garantie-Erklärungen in Hinblick auf die neuen Anforderungen.

- **Beschränken** Sie die Garantie nach Möglichkeit sowohl inhaltlich als auch in den Rechtsfolgen. Formulieren Sie die Garantien deshalb äußerst detailliert und bedenken Sie dabei die wirtschaftlichen Folgen.

- **Bedenken** Sie, dass auch Angaben in der Werbung als Garantie ausgelegt werden können (§ 443 I BGB), wenn sie entsprechend unvorsichtig formuliert sind. Diese Grundsätze sind im Bereich des Marketings noch wenig bekannt und sollten daher den zuständigen Personen schnellstmöglich näher gebracht werden.

- **Schulen** Sie Ihr Personal im Hinblick auf die Neuerungen der Schuldrechtsreform; die meisten Probleme in der Praxis tauchen erfahrungsgemäß nicht in vorformulierten Vertragsbedingungen auf, sondern durch *unvorsichtige Formulierungen im Tagesgeschäft*. Wie Erfahrungen deutlich machen, kann die Fehlerquote durch gezielte Inhouse-Schulungen signifikant gesenkt werden.

Praxistipp

Kapitel 3: Die deliktische Produzentenhaftung

Weiterführende Literaturhinweise:

Literatur

Bamberger/ Roth/ *Spindler*, Bürgerliches Gesetzbuch, Band 2, 1. Auflage, C.H. Beck, München, 2003 § 823, Rn. 526 ff.; *Dietrich,* Produktbeobachtungspflicht und Schadensverhütungspflicht des Produzenten, Lang, Frankfurt a.M., 1994; *Franzen*, Deliktische Haftung für Produktionsschäden, JZ 1999, 702 ff.; *Franzen*; *Deutsch/ Ahrens,* Deliktsrecht, 4. Auflage, Heymanns, Köln 2002, § 18, Rn. 279 ff.; *Holliger- Hagmann,* Produktrisiken im Griff, 1. Auflage, Expert- Verlag, Renningen 2003; *Horwarth,* Software und Produkthaftung, 1. Auflage, Leykam-Verlag, Graz 2002; *Buchner,* Die Produkthaftung der Tabakindustrie, VersR 2000, 28 ff.; *Koch,* Zur Konkurrenz von Kaufrecht und Deliktsrecht, Humbolt u. Duncker, Berlin 1995; *Kropholler,* Studienkommentar BGB, 6. Auflage, C.H. Beck, München 2003, § 823, Rn. 37 ff, *Kullmann,* Aktuelle Rechtsfragen der Produkthaftpflicht, RWS- Verlag, 2002; *Kullmann,* Die Rechtsprechung des Bundesgerichtshofs zum Produkthaftpflichtrecht in den Jahren 2000 und 2001, NJW 2002, 30 ff.; *Kullmann,* Die Rechtsprechung des Bundesgerichtshofs zum Produkthaftpflichtrecht in den Jahren 2001 bis 2003, NJW 2003 (Heft 27), 1980 ff.; *Kullmann,* Die Rechtsprechung des Bundesgerichtshofs zum Produkthaftpflichtrecht in den Jahren 1998 bis 2000, NJW 2000, 1912 ff.; *Kullmann,* Produkthaftung für Verkehrsmittel- Die Rechtsprechung des Bundesgerichtshofes, NZV 2002, 1 ff.; *Kullmann,* Produkthaftung- höchstrichterliche Rechtsprechung,, 5. Auflage, RWS- Verlag, Köln 2002; *Kullmann/ Pfister*, Handbuch Produzentenhaftung, Erich Schmidt Verlag, Berlin 2003; *Medicus,* Entscheidungen des BGH als Marksteine für die Entwicklung des allgemeinen Zivilrechts, NJW 2000, 2291 ff.; *Meyer,* Die neue BGH- Rechtsprechung zur Produkthaftung gegenüber Kindern, DStR 1999, 1313 ff.; *Riehm,* JuS Lern- CD, Zivilrecht I, Rn. 496; MüKo BGB/ *Mertens*, 5. Band, 3. Auflage, 1997, § 823, Rn. 269 ff.; *Timme,* Produkthaftung: Eigentumsvorbehalt bei Verarbeitung mangelhafter Zuliefererteile-, BGHZ 138, 230, JuS 2000, 1154 ff.; *Voit/ Geweke,* Der praktische Fall- Bürgerliches Recht: Der tückische Computervirus, JuS 2001, 358 ff.; *Von Bar,* Die Grenzen der Haftung des Produzenten in Produktverantwortung und Risikoakzeptanz, C.H. Beck, München 1998, S. 29 ff.

Im eingangs genannten Toaster-Fall tauchen in der Zwischenzeit tatsächlich die ersten Schadensfälle auf. Es wird berichtet, dass einige der Toaster aufgrund eines Kurzschlusses Feuer fangen und dadurch teilweise auch Mobiliar zerstört wurde. Selbst von einem Personenschaden durch Verbrennungen bei Benutzern des Toasters wird berichtet. Geschäftsführer Groß fragt sich nun, ob die Waldmann GmbH auch von Personen, mit denen nicht direkt ein Kaufvertrag geschlossen wurde, Ansprüche zu befürchten sind.

Übersicht zur Orientierung:
Richtung der wichtigsten Ansprüche der deliktischen Produzentenhaftung

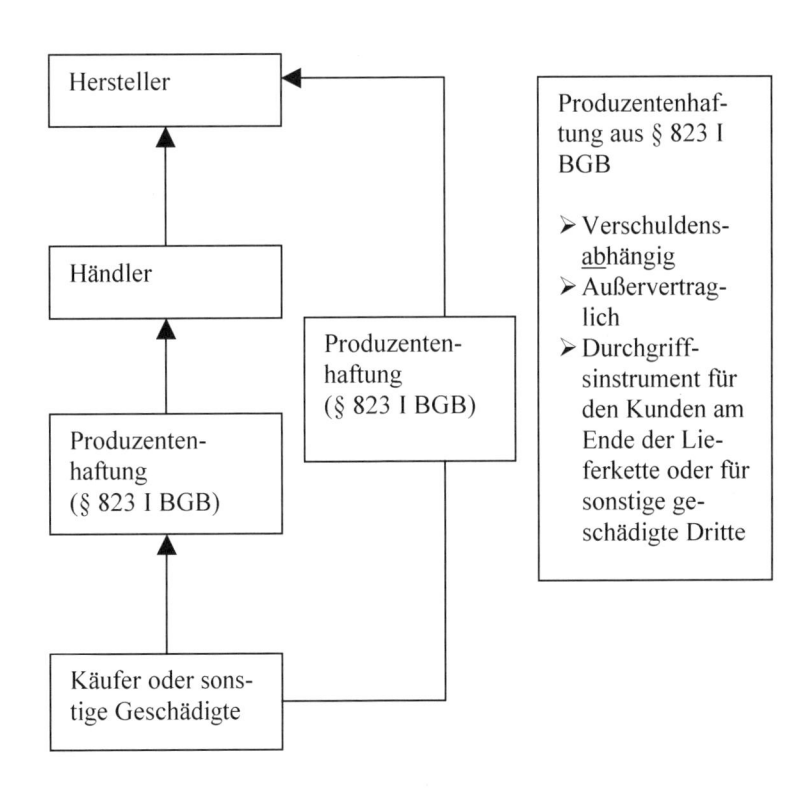

```
Hersteller  ◄──────────┐
   ▲                   │
   │                   │
Händler                │
   ▲                   │
   │          Produzenten-
   │          haftung
   │          (§ 823 I BGB)
Produzenten-
haftung
(§ 823 I BGB)
   ▲                   │
   │                   │
Käufer oder sons- ─────┘
tige Geschädigte
```

Produzentenhaftung aus § 823 I BGB

➢ Verschuldensabhängig
➢ Außervertraglich
➢ Durchgriffsinstrument für den Kunden am Ende der Lieferkette oder für sonstige geschädigte Dritte

1. Einführung

Wie die einleitende Übersicht zeigt, droht einem Produzenten auch dann die Inanspruchnahme, wenn er mit dem Geschädigten nicht unbedingt einen Kaufvertrag geschlossen hat: Es können dennoch Ansprüche aus der deliktischen Produzentenhaftung in Frage kommen (§ 823 I BGB).

Außervertraglich

Diese Haftungsart kann als **außervertragliche Haftung** beschrieben werden: Der Geschädigte braucht für seine Ansprüche nicht unbedingt[70] einen Vertrag als Voraussetzung. Deshalb lässt sich die Haftung auch als **Durchgriffshaftung** bezeichnen: Der Geschädigte muss sich nicht erst an einen seinen Verkäufer halten, sondern kann gleich auf den Hersteller durchgreifen.

Durchgriffshaftung

Verschuldensabhängig

Ein weiteres Merkmal ist die grundsätzliche **Verschuldensabhängigkeit** der Haftung aus § 823 I BGB: Die Norm setzt Vorsatz oder Fahrlässigkeit voraus.

Der **Grundsatz der allgemeinen Gefahrabwendungs- und Verkehrssicherungspflicht** gilt auch für die Folgen fehlerhafter Produkte; er beinhaltet die Pflicht eines jeden Herstellers dafür zu sorgen, dass seine Produkte keine Gefahrenquellen außerhalb des erlaubten Risikos setzen. Hersteller müssen alle möglichen und zumutbaren Maßnahmen ergreifen, um die Verletzung von Rechtsgütern Dritter durch fehlerhafte Produkte auszuschließen.

Verkehrssicherungspflichten

Der BGH löst die Fälle der Produkthaftung im Rahmen des **§ 823 I BGB** mit Hilfe so genannter **Verkehrssicherungspflichten**. Die Rechtsfigur der Verkehrssicherungspflichten ist erforderlich, nachdem § 823 I BGB ein pflichtwidriges Handeln sowie Verschulden („vorsätzlich oder fahrlässig") verlangt. Ob ein Handeln pflichtwidrig ist, ergibt sich daraus, ob Verkehrssicherungspflichten verletzt werden, deren Inhalt von der Rechtsprechung bestimmt wird und nicht im Gesetz steht.[71]

---

[70] Ein Vertrag schadet einem Anspruch aus § 823 I BGB natürlich auch nicht. Das heißt, dass derjenige, der auch noch einen Kaufvertrag mit dem Schädiger hat, neben den Ansprüchen aus § 823 I BGB auch noch die Rechte aus der vertraglichen Sachmängelhaftung in Anspruch nehmen kann.

[71] Palandt / *Thomas*, Bürgerliches Gesetzbuch, 62. Auflage, C.H. Beck, München 2003,

Die Unterscheidung der verschiedenen Verkehrssicherungspflichten (dazu unten) ist nötig, um die Verantwortungsbereiche klar voneinander abzugrenzen. Auch sind in den einzelnen Bereichen unterschiedliche Haftungsvoraussetzungen zu beachten.

Zudem ist der **Kreis der Haftenden** näher zu beleuchten: In erster Linie trifft die Haftung aus § 823 I BGB den Hersteller. Aber auch *Händler, Mitarbeiter, Zulieferer, Montageunternehmer* und *andere Beteiligte* an der Lieferkette können Verkehrssicherungspflichten haben, bei deren Verletzung sie aus § 823 I BGB haften. Näher dazu unter dem Punkt „Kreis der Haftenden bei § 823 I BGB".

Kreis der Haftenden

Überblick über die Voraussetzungen der deliktischen Produzentenhaftung nach § 823 I BGB

> Nach § 823 I BGB haftet – kraft Gesetzes! – jeder, der
> 1. vorsätzlich oder fahrlässig (= „schuldhaft")
> 2. eine ihm obliegende Pflicht verletzt (sich also pflichtwidrig = widerrechtlich verhält),
> 3. dadurch (Ursächlichkeit; haftungsbegründende Kausalität)
> 4. ein fremdes und durch § 823 BGB geschütztes Rechtsgut beeinträchtigt und
> 5. deshalb (erneute Ursächlichkeit; haftungsausfüllende Kausalität)
> 6. bei dem Betroffenen einen Schaden (Vermögensnachteil) hervorgerufen hat.

Voraussetzungen der deliktischen Produzentenhaftung § 823 I BGB

BGB, § 823 - Rn. 58 ff.

2. Der Begriff des Produkts

Produkt

Es stellt sich die Frage, bei welchen Produkten es zur Haftung kommen kann. **Produkte** im Sinne von § 823 I BGB sind alle beweglichen Sachen.

Beispiele

Beispiele:[72] Verbrauchsgüter, Produktionsmittel, Fahrzeuge, Anlagen, chemische Erzeugnisse, Lebensmittel und Verpackungsmaterial, Druckwerke, Datenträger

IT-Branche: Ob Software selbst ein „Produkt" ist, ist umstritten, da es sich lediglich um die Verkörperung eines Geisteswerkes handelt. Die h. M. bejaht wohl die Produkteigenschaft, zumindest ist § 823 I BGB entsprechend anwendbar.[73] Der BGH sieht Computerdaten selbst nicht als Sachen an, wohl aber ihre Verkörperung auf Datenträgern.[74]

Nicht erfasst sind Dienst- oder Werkleistungen. Erfasst sind dagegen deren Verkörperung (etwa in Büchern)[75] und Produkte, die im Rahmen von Werkverträgen verwendet werden (Material).[76]

3. Der Begriff des Produktfehlers

Produktfehler

Geschützt wird das Integritätsinteresse des Verbrauchers (= Das Interesse, durch das Produkt nicht in seinen Rechtsgütern verletzt zu werden), nicht das Äquivalenzinteresse (= Das Interesse, für gutes Geld auch gute Ware zu bekommen; dieses Interesse wird durch das Sachmängelrecht gesichert). Zudem gewährt § 823 I

---

[72] Unter anderem in Münchener Kommentar - *Mertens*, Band 5, 3. Auflage 1997, § 823 - Rn. 277.
[73] Palandt / *Thomas*, Bürgerliches Gesetzbuch, 62. Auflage, C.H. Beck, München 2003, § 90 – Rn. 2 und § 823 – Rn. 202 m.w.N..
[74] BGHZ 102, 235.
[75] Münchener Kommentar / *Mertens*, Band 5, 3. Auflage, C.H. Beck, München 1997, § 823 - Rn. 277.
[76] Selbstverständlich haftet ein Unternehmer auch bei fehlerhaften Dienst- oder Werkvertragsleistungen – unter Umständen auch auf Schadensersatz. Allerdings richtet sich die Haftung dabei nach anderen Regeln – nicht nach dem ProdHaftG.

BGB Schutz vor Schäden, die auf die fehlende Sicherheit des Produkts zurückzuführen sind.

Der Fehlerbegriff ist daher im Zusammenhang mit den zu beachtenden Verkehrssicherungs- und Gefahrabwendungspflichten des Herstellers zu sehen: Wann ist also ein Produkt „fehlerhaft" in diesem Sinne?

Überblick über die produktbezogenen Pflichten eines Warenherstellers nach § 823 I BGB

1. **Konstruktions**pflichten (keine Entwicklungspflichten!)

2. **Fabrikations**pflicht

3. **Instruktions-** und **Informations**pflicht

4. **Produktbeobachtungs-** und **Rückruf**pflicht

5. **Prüfungspflicht** bezüglich Fehlerfreiheit für typische Herstellersphärenfehler

4. Der Konstruktionsfehler

4.1 Darstellung des Konstruktionsfehlers

Konstruktionsfehler

Konstruktionspflicht ist die Pflicht des Herstellers, das Produkt so zu konstruieren, dass es vom durchschnittlichen Benutzer im Rahmen des dem Produkt zugeschriebenen Verwendungszwecks gefahrlos zu gebrauchen ist. Ebenso ist die voraussehbare Zweckentfremdung oder ein unsachgemäßer Gebrauch in die Konstruktionspläne mit einzubeziehen.[77]

Von Konstruktionsfehlern ist also notwendig die gesamte Produktpalette betroffen, weil bereits der Herstellungsplan fehlerhaft ist.

Ein gutes Beispiel für einen Konstruktionsfehler bietet der *Pferdeboxen-Fall* des BGH:[78]

Beispiel

Fall: Die Beklagte stellte Pferdeboxen mit einer Höhe von 2,20 m her und wählte dabei als oberen Abschluss der Trennwände ein nach oben offenes, scharfkantiges U-Eisen. Das Pferd des Klägers verletzte sich dabei, als es sich auf die Hinterhand stellte und mit dem Vorderhuf am oberen Rand der Trennbox hängen blieb.

Urteil: Der BGH gab dem Kläger Recht.

Gründe: Bei richtiger Konstruktion wäre das nach oben offene U-Eisen entweder mit einem Kantholz ausgefüllt gewesen oder umgedreht worden bzw. durch eine andere Konstruktion ersetzt worden.

Auch im Falle des fehlerhaften Toasters der Waldmann GmbH liegt ein Konstruktionsfehler vor, so dass Geschäftsführer Groß tatsächlich eine Haftung seiner GmbH aus § 823 I BGB befürchten muss.

---

[77] Graf von Westphalen / *Foerste*, Produkthaftungshandbuch Band 1, Vertragliche und deliktische Haftung, Strafrecht und Produkthaftpflichtversicherungen, 2. Auflage, C.H. Beck, München 1997 § 24 - Rn. 73.
[78] BGH NJW 1990, 906.

4.2 Abgrenzung zum Entwicklungsfehler

Eine Haftung für **Entwicklungsfehler** besteht dagegen grundsätzlich nicht, sofern **im Zeitpunkt der Entwicklung** die **Gefahren des Produkts** nach dem damaligen Stand von Wissenschaft und Technik auch bei größtmöglicher und zumutbarer Sorgfalt **entweder nicht bekannt oder** im Einzelfall **nicht erkennbar, oder** zwar bekannt, aber **technisch nicht beherrschbar** waren.

Keine Haftung für Entwicklungsfehler

Dies ist der Gedanke des in § 823 BGB statuierten Verschuldensprinzips.[79] Mit anderen Worten: Hier handelt der Hersteller noch im Bereich des erlaubten Risikos.

Allerdings gibt es als Korrelat dafür so genannte **Produktbeobachtungspflichten**, um Entwicklungsfehler im Nachhinein unter Kontrolle zu bringen (vgl. unten).

Korrelat

> **Beispiel:** Beim Inverkehrbringen von Handys ist derzeit nicht nachweisbar von einer Gesundheitsgefährdung auszugehen. Sollte sich eine solche im Lauf der Zeit aber dennoch herausstellen, handelt es sich um einen Entwicklungsfehler. Dafür haftet der Hersteller grundsätzlich nicht; er muss aber seine Pflichten zur Produktbeobachtung erfüllen und gegebenenfalls entsprechend reagieren (dazu unten mehr).

Beispiel

---

[79] *Fuchs*, Deliktsrecht, 3. Auflage, Springer, Berlin 2001, S. 104.

5. Der Fabrikationsfehler

Fabrika-tionsfehler

Fabrikationsfehler werden auch Produktions- oder Herstellungsfehler genannt. Ihre Fehlerursache liegt im menschlichen oder technischen Faktor des Herstellungsprozesses.[80]

Deshalb ist eine entsprechende Organisation und Kontrolle zur Vermeidung der Fehlerentstehung sowie zur Vermeidung des Inverkehrgelangens von fehlerhaften Endprodukten erforderlich.

Von Fabrikationsfehlern kann ein oder können mehrere Produkte betroffen sein.

Beispiel

Wäre der Grund für die defekten Toaster der Waldmann GmbH nicht ein Konstruktionsfehler, sondern eine Fehlleistung eines Mitarbeiters am Fließband, der beispielsweise den Montageplan falsch liest und daher fehlerhaft ausführt, so läge ein Produktionsfehler vor.

Beispiel

Paradebeispiel für den Fabrikationsfehler ist der richtungsweisende *Hühner-Pest-Fall* des BGH:[81]

Fall:	Ein Tierarzt hatte Hühner mittels eines von der Beklagten bezogenen Impfstoffes gegen Hühnerpest geimpft. Dennoch brach in der Hühnerfarm des Klägers die Krankheit aus. Untersuchungen ergaben, dass einige Flaschen des Serums nicht ausreichend gegen Viren immunisiert worden waren.
Urteil:	Haftung wegen Fabrikationsfehler.
Gründe:	Der Impfstoff als solcher war also in Ordnung. Einzig die Fabrikation (Umfüllen in die Flaschen) war fehlerhaft.
	Beim Fabrikationsfehler ergeben sich also erst im Zuge der Fertigung des Produkts planwidrige Abweichungen von der Sollbeschaffenheit. Beim Konstruktionsfehler ist bereits der Plan selbst fehlerhaft.

---

[80] Graf von Westphalen - *Foerste*, Produkthaftungshandbuch Band 1, Vertragliche und deliktische Haftung, Strafrecht und Produkthaftpflichtversicherungen, 2. Auflage, C.H. Beck, München 1997, § 24 - Rn. 131.
[81] BGHZ 51, 91.

Über allem steht dabei der Grundsatz der Verhältnismäßigkeit: Falls trotz Beachtung aller Sorgfaltspflichten ein menschliches Fehlverhalten oder ein technischer Defekt im Einzelfall nicht auszuschließen und nicht vorhersehbar sind (so genannte „**Ausreißer**"), besteht keine Haftung nach § 823 I BGB, da kein Verschulden vorliegt.[82] Auch sind sie von der Gesellschaft im Rahmen des erlaubten Risikos hinzunehmen: Wer die Vorteile industrieller Massenproduktion nutzt, muss auch vereinzelte (!) Nachteile hinnehmen.

Keine Haftung bei bloßem Ausreißer

> Wäre der Grund für die defekten Toaster der Waldmann GmbH tatsächlich ein Fabrikationsfehler gewesen, so würde die GmbH dann nicht haften, wenn einem ihrer Mitarbeiter bei am Fließband ein Montagefehler aufgrund einer kurzzeitigen Ohnmacht unterlaufen wäre.

Beispiel

---

[82] Graf von Westphalen/ *Foerste*, Produkthaftungshandbuch Band 1, Vertragliche und deliktische Haftung, Strafrecht und Produkthaftpflichtversicherungen, 2. Auflage, C.H. Beck, München 1997, § 24 - Rn. 132 ff.

6. Der Instruktionsfehler

6.1 Der Begriff des Instruktionsfehlers

Instruktionspflicht

Der Hersteller muss grundsätzlich in **Gebrauchsanleitungen** oder mittels **Warnhinweisen** auf mögliche und für ihn erkennbare Gefahren aufmerksam machen.

Beispiel

Beispiel 1:[83] Der Hersteller eines säurehaltigen Reinigungsmittels muss ein Reinigungsunternehmen, das die Reinigung eines Schlachthofes übernommen hat, auf die Korrosionsgefahr hinweisen. Da dies nicht geschah, klagte der Eigentümer des Schlachthofs wegen Verletzung der Instruktionspflicht erfolgreich, nachdem Einrichtungsgegenstände, Wasserhähne und eloxierte Fensterrahmen korrodiert waren, auf Ersatz des Schadens in Höhe von 1,8 Millionen DM.

Beispiel

Beispiel 2:[84] Die Beklagte lieferte einen Schnellmischer für eine Trockenputz-Herstellungsanlage. Beigefügt war eine Bedienungsanleitung, in der auch Aussagen zur Durchführung von Reparaturarbeiten enthalten waren.
Während der Reinigung der Mischtrommel wurde ein Mitarbeiter tödlich verletzt: Der Mitarbeiter hatte den Verschluss-Deckel der Trommel geöffnet, um die Trommel innen zu säubern, und dabei den Strom abgeschaltet. Er bedachte nicht, dass sich der Deckel bei ausgeschaltetem Strom automatisch schloss.

Urteil: Der Hersteller der Trommel wurde wegen Verletzung der Instruktionspflichten verurteilt: Er hätte in der Bedienungsanleitung darauf hinweisen müssen, dass sich der Deckel ohne Strom automatisch schließt und daher bei Reinigungsarbeiten zuvor manuell blockiert werden muss.

Hinweis: Die Annahme eines Konstruktionsfehlers wäre in diesem Fall sicher auch möglich: Es hätte wohl eine Sperrvorrichtung eingebaut werden müssen.

---

[83] BGH, NJW-RR 1993, 792.
[84] OLG Karlsruhe, VersR 1984, 544 ff.

6.2 Erforderlichkeit und Umfang

In einer **Entscheidung** aus neuerer Zeit hatte der BGH wiederholt Gelegenheit, zur Instruktionspflicht Stellung zu beziehen:

Beispiel: *MILUPA-I-Fall*:[85] Der Kläger verlangte wegen Kariesbefalls seines Milchzahngebisses von der Beklagten, einer Herstellerin von Säuglings- und Kindernahrungsmitteln, Schadensersatz. Die Beklagte produzierte verschiedene Instant-Tea-Pulver mit einem bestimmten Zuckeranteil. Für diese Getränke vertrieb sie auch Plastiktrinkflaschen (so genannte Saug- oder Nuckelflaschen).
Wie bei anderen Kinder auch kam es beim Kläger zu einem so genannten Baby-Bottle-Syndrom, bei dem durch Dauernuckeln an der Flasche der Zucker ständig auf die Zähne einwirkt, wodurch es zu Kariesbildung kommt.
Der Vorwurf gegen die Beklagte bestand darin, über diese Gefahren zunächst überhaupt nicht, später in unzureichender Form, gewarnt zu haben.

Urteil: Der BGH gab dem Kläger Recht und verurteilte die Beklagte zu Schadensersatz.

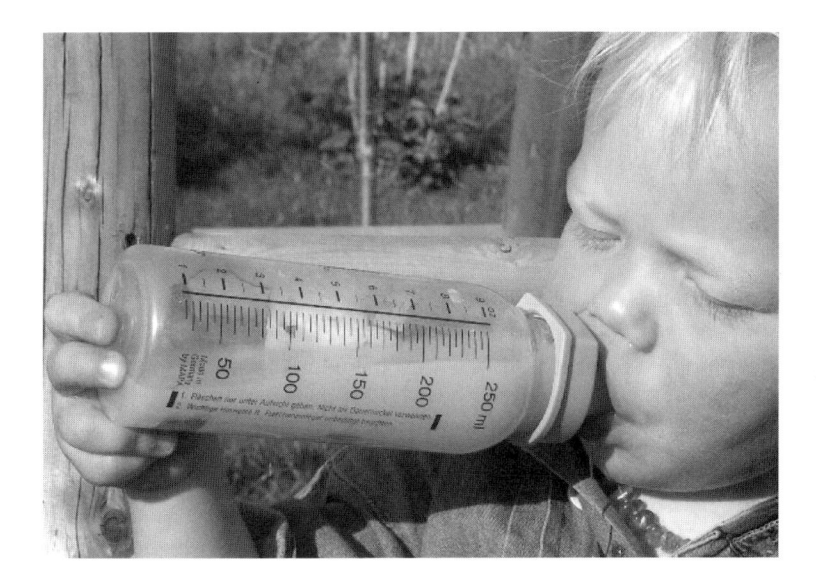

---

[85] BGHZ 51, 91.

Leitlinien des BGH zur Instruktionspflicht	Der BGH nahm den Fall zum Anlass, folgende wichtige **Leitlinien** in punkto **Instruktionspflichten** aufzustellen:

Praxistipp

> - Gefahrenhinweise sind stets dann zu geben, wenn die Risiken erkennbar aus der Produktverwendung entstehen können, sofern diese noch im Rahmen der allgemeinen Zweckbestimmung des Produkts liegt.
>
> - Hinweise, Anleitungen oder Warnungen müssen klar, eindeutig und unmissverständlich sein. Sie dürfen nicht zwischen anderen Textstellen versteckt werden.
>
> - Die Anforderungen an Warnhinweise steigen in dem Maße, in dem auch die Gefährlichkeit für Leib und Leben von Menschen anwächst.
>
> - Inhaltlich müssen die Gefahren so plausibel dargestellt und deutlich herausgestellt werden, dass der Verbraucher sie nicht erst durch Nachdenken, möglicherweise sogar erst aufgrund von Rückschlüssen voll erfassen kann.

Umfang der Aufklärungspflicht	Der **Umfang der Aufklärungspflicht** richtet sich nach der *verwendungsspezifischen Gefährlichkeit des Produkts*: Anders als beispielsweise in den USA kann von allgemeinem Erfahrungswissen eines durchschnittlichen Benutzers des betroffenen Abnehmerkreises ausgegangen werden.[86] Dabei stellt der BGH aber klar, dass sich der Hersteller dabei grundsätzlich an der am wenigsten informierten und danach am meisten gefährdeten Benutzergruppe auszurichten hat.[87]

Zum anderen richtet sich der Umfang danach, *wer* das Produkt *bestimmungsgemäß benutzen wird*:[88] Falls z.B. die Verwendung des Produkts ausschließlich durch Fachpersonal erfolgt, werden an Instruktionspflichten geringere Anforderungen gestellt. Umgekehrt steigen diese mit dem Grad der Unbefangenheit der Benutzer.

---

[86] Graf von Westphalen / *Foerste*, Produkthaftungshandbuch Band 1, Vertragliche und deliktische Haftung, Strafrecht und Produkthaftpflichtversicherungen, 2. Auflage, C.H. Beck, München 1997, § 24 - Rn. 185.
[87] Münchener Kommentar / *Mertens*, Band 5, 3. Auflage 1997, § 823 - Rn. 285.
[88] Münchener Kommentar / *Mertens*, Band 5, 3. Auflage 1997, § 823 - Rn. 284.

6.3 Ausschluss der Informationspflicht

Eine **Aufklärung erübrigt sich** jedoch, wenn die *Gefahrenquelle offensichtlich* ist oder der Benutzer über die Gefahren *bereits informiert* ist: Soweit der Produktanwender über alle sicherheitsrelevanten Informationen bereits verfügt, besteht (für ihn!) kein Anspruch aus Verletzung der Informationspflicht durch den Hersteller. Daher wies der BGH eine dem MILUPA-Fall **nachfolgende Klage** zum gleichen Sachverhalt ab:[89]

> **Fall:** *MILUPA-II-Fall:* In diesem Fall waren den Eltern die Gefahren durch Dauernuckeln bereits bekannt.
> **Urteil:** Der BGH entschied, dass der Hersteller diesen Klägern gegenüber aufgrund deren Kenntnis nicht zur Information verpflichtet war und daher auch dann nicht hafte, wenn er anderen Geschädigten gegenüber dem Grunde nach haften würde. Dies zeigt, dass auch das Entstehen von Verkehrssicherungspflichten keinem Automatismus folgt, sondern im jeweiligen Einzelfall unterschiedlich zu bewerten sein kann.

Wie schwierig das Problem der offensichtlichen Gefahrenlage sein kann, zeigt der *Reißwolf-Fall* des BGH:[90]

> **Fall:** Die knapp zwei Jahre alte Klägerin begehrte von der Beklagten Schadensersatz wegen schwerwiegender Handverletzungen.
> Die Klägerin besuchte einen Nachbarn ihrer Eltern, welcher im Besitz eines Reißwolfs war, der von der Beklagten hergestellt wurde. Der Papiereinführungsschlitz war 8 mm hoch und verjüngte sich (ins Geräteinnere) auf 6,5 mm. Der Abstand der scharfen Messerwalzen vom Einführungsschlitz betrug 2 cm. Die Messerwalzen wurden automatisch mit Durchbrechen einer Lichtschranke in Bewegung gesetzt. **Die Konstruktion bewegte sich dabei im Rahmen sämtlicher einschlägiger Normen.**
> Als die Klägerin während des Spielens in das Gerät fasste, wurde der Mechanismus in Gang gesetzt und die Finger der Klägerin durch die Messer verstümmelt.

---

[89] BGH NJW 1994, 932.
[90] BGH NJW 1999, 2815.

Urteil:	Der BGH gab der Klägerin Recht: Der Hersteller kam seinen Instruktionspflichten nicht hinreichend nach, da weder in der Bedienungsanleitung noch auf dem Gerät selbst auf diese Gefahren hingewiesen wurde.
Gründe:	Die eigentlich entscheidende Frage war, ob die Beklagte erwarten durfte, eine Gefährdung von Kleinkindern werde sich nicht ereignen, weil die Gerätebesitzer auch ohne Instruktion die erforderlichen Vorkehrungen zum Schutz vornehmen würden (= offensichtliche Gefahrenlage).
	Ohne diese Frage zu beantworten, gab der BGH der Klägerin deswegen Recht, weil ausschlaggebend sei, dass die Messerwalzen nicht nur von den Fingern eines Kindes, sondern auch von besonders dünnen Fingern eines Erwachsenen erreicht werden könnten, was für den Hersteller auch erkennbar gewesen sei.
	Für den Benutzer selbst waren diese Gefahren nach Ansicht des BGH dagegen nicht erkennbar, weil die Messerwalzen von außen nicht sichtbar im Inneren des Gerätes lagen. Eine haftungsausschließende, für den Verbraucher offensichtliche Gefahrenlage bestand daher nicht.

Mittelbar beantwortete der BGH damit jedoch auch die eingangs gestellte Frage: Denn wenn schon der bestimmungsgemäße Produktbenutzer nicht einmal die Gefahren für sich selbst erkennen kann, ist er auch kaum in der Lage, die Gefahren für Kinder zu erkennen und adäquat darauf zu reagieren.[91]

---

[91] *Fuchs*, Deliktsrecht, 3. Auflage, Springer, Berlin 2001, S. 102.

Unverzichtbares Praxiswissen zur Vermeidung der Produktfehlerhaftung

„Hinweise für Ihre Gesundheit

Legen Sie bei der Benutzung eines Computer- oder Videospiels jede Stunde eine Pause von ca. 15 Minuten ein. Spielen Sie bitte nicht, wenn Sie übermüdet sind. Spielen Sie in einem ausreichend hellen Raum und setzen Sie sich soweit wie möglich vom Bildschirm entfernt. Bei manchen Personen kann es zu epileptischen Anfällen oder Bewusstseinsstörungen kommen, wenn sie bestimmten Blitzlichtern oder Lichteffekten im täglichen Leben ausgesetzt werden. Diese Personen können bei der Benutzung von Computer- oder Videospielen einen Anfall erleiden. Es können auch Personen davon betroffen sein, deren Krankheitsgeschichte bislang keine Epilepsie aufweist und die nie zuvor epileptische Anfälle gehabt haben. Wenn Sie an Epilepsie leiden, suchen Sie bitte vor dem Gebrauch von Videospielen Ihren Arzt auf. Sollten bei Ihnen oder Ihrem Kind bei der Benutzung eines Computer- oder Videospiels Symptome wie Schwindelgefühl, Sehstörungen, Augen- oder Muskelzucken, Bewusstseinsverlust, Desorientiertheit oder jegliche Art von unfreiwillige Bewegungen beziehungsweise Krämpfe auftreten, so beenden Sie SOFORT DAS SPIEL, und konsultieren Sie Ihren Arzt."

Warnhinweise der Argonaut Software Ltd. zu deren Videospielen

Wer den Schaden hat ...

6.4 Kreis der zu instruierenden Personen

Was den Kreis der zu instruierenden Personen betrifft, ist dieser nicht auf die Gruppe der Konsumenten und schon gar nicht auf die Gruppe der unmittelbaren Vertragspartner beschränkt. Dazu ein **Beispiel** aus der Rechtsprechung des BGH - der so genannte *Feuerwirbel-Fall*:[92]

Kreis der zu instruierenden Personen

Fall: Ein 10-jähriges Kind kaufte an einem Kiosk eines Händlers eine Packung Kleinstfeuerwerkskörper mit der Artikelbezeichnung „Feuerwirbel", welche von einem Importeur nach Deutschland eingeführt wurden. Die Packung wies folgende Aufschrift auf: „Ganzjahresfeuerwerk. **Abgabe** an Personen unter 18 Jahren **erlaubt**. Nur im Freien verwenden. Am äußersten Ende der Zündschnur anzünden und sich rasch entfernen." Das Kind steckte beim Spielen die Feuerwerkskörper in seine Hosentasche, in der sie sich auf ungeklärte Weise entzündeten. Da sich dabei das Schwarzpulver auf 2200° C erhitzte, erlitt das Kind erhebliche Verbrennungen.

Beispiel

Urteil: Die Klage gegen den Händler wurde abgewiesen, derjenigen gegen den Importeur aber stattgegeben.

Gründe: Auch wenn sich das Kind die Verbrennungen selbst zufügte, ist eine Haftung des Herstellers und des Importeurs nicht ausgeschlossen:[93] Eine Haftung besteht dem Grunde nach, wenn der Importeur und der Hersteller dem Kind die Schäden aufgrund Verletzung von Verkehrssicherungspflichten zugefügt hätten.

Den Händler treffen keine herstellerspezifischen Sicherungspflichten, wohl aber allgemeine in der Form, auf die Abgabe an Minderjährige zu verzichten, wenn mit der nahe liegenden Gefahr einer Schädigung zu rechnen ist. Diese Erkennbarkeit sah der BGH für den Händler aber nicht, da der Importeur mithilfe der Verpackung die Gefahren bezüglich Feuerkraft und Hitzeentwicklung verharmloste. Nach Auffassung des BGH haftete allein der Importeur: Nur er verletzte seine Instruktionspflichten. Dabei stellte der BGH klar, dass der Importeur diese Pflichten nicht nur gegenüber dem Letztverbraucher, sondern auch gegenüber dem Letztverkäufer hat. Da er diesen Pflichten nicht nachkam, war ihm die Schädigung des Kindes zuzurechnen.

---

[92] BGH NJW 1998, 2905.
[93] Dazu: Fuchs, Deliktsrecht, 3. Auflage, Springer, Berlin 2001, S. 104.

7. Der Produktbeobachtungsfehler

Wie bereits angedeutet, besteht keine eigentliche Haftung für Entwicklungsgefahren[94] (nicht zu verwechseln mit Konstruktions- oder Fabrikationsfehlern). Um deren Folgen einzudämmen, existiert jedoch die so genannte Produktbeobachtungspflicht des Herstellers.

7.1 Allgemeine Produktbeobachtungspflicht

Allgemeine Produktbeobachtungspflicht

Zu beobachten ist dabei das Langzeitverhalten des Produkts, insbesondere aufgrund der erhöhten Defektanfälligkeit durch Abnutzung.

Tipps:

Praxistipp

- Erforderlich ist dazu der Aufbau einer Organisation, die Meldungen über Defekte im Feld sammelt und analysiert.

- Ebenso die Überprüfung und Auswertung der Beanstandungsmeldungen: Dadurch ergeben sich Erkenntnisse über Häufungen eines bestimmten Fehlerbildes.

Dazu als **Beispiel** der *Apfelschorf-Fall* des BGH:[95]

Beispiel

Fall: Der Kläger, ein Obstbauer, verlangt vom Hersteller eines Pestizids Schadensersatz: Er hatte erhebliche Ernteausfälle bei Bäumen erlitten, welche er mit dem Pestizid des Beklagten behandelt hatte. Dieses hatte sich anfänglich als wirksam erwiesen. Doch mit mehrmaliger Anwendung bildeten sich immer mehr Resistenzen der Pilzstämme gegenüber dem Pflanzenschutzmittel, so dass dieses fast vollständig wirkungslos wurde. Der Kläger warf dem Beklagten vor, nicht ausreichend über diesen Sachverhalt informiert zu haben, **obwohl in der wissenschaftlichen Forschung darüber berichtet worden sei.**

Urteil: Der BGH gab dem Kläger Recht, primär wegen Verletzung der Produktbeobachtungspflicht durch den Beklagten.

---

[94] Fuchs, Deliktsrecht, 3. Auflage, Springer, Berlin 2001, S. 104.
[95] BGHZ 80, 199.

Nach Auffassung des BGH trifft einen Hersteller also die **Pflicht**, seine Produkte sowohl auf noch nicht bekannte schädliche Eigenschaften hin zu beobachten, als sich auch über deren sonstige, eine Gefahrenlage schaffende Verwendungsfolgen, hier also auch über eine eintretende Wirkungslosigkeit des Produkts zu informieren:

- Dazu muss er laufend den Stand und Fortgang von Wissenschaft und Technik verfolgen.
- Auch muss er die Ergebnisse wissenschaftlicher Kongresse und Fachveranstaltungen beobachten.
- Zudem ist er gehalten, das gesamte internationale Fachschrifttum auszuwerten.

Praxistipp

7.2 Spezielle Pflichten im Zubehörbereich

Besonderheiten im Zubehörbereich

Im so genannten *HONDA-Urteil*[96] erweiterte der BGH die Pflichten auch bezüglich Kombinationen des eigenen Produkts mit Produkten anderer Hersteller:

Beispiel

Fall: Der Sohn der Kläger fuhr mit einem Motorrad der Marke HONDA Goldwing zur Mittagszeit bei trockenem Wetter auf der Autobahn mit ca. 140 – 150 km/h. Im Auslauf einer leicht abschüssigen Kurve kam die Maschine ohne Fremdeinwirkung ins Schleudern und prallte seitlich gegen die Mittelleitplanke. Der Sohn der Kläger verstarb noch an der Unfallstelle.
Im Prozess stellte sich heraus, dass der Unfall nicht auf Konstruktions- oder Fabrikationsfehlern beruhte, sondern auf einer Verringerung der Fahrstabilität durch den Anbau einer Lenkerverkleidung. Diese Verkleidung war von einem Zubehör-Händler hergestellt und vom Voreigentümer des Motorrads angebracht worden. Im Zeitpunkt der Herstellung des Motorrads gab es dieses Zubehör noch nicht.

Der TÜV hatte die Betriebserlaubnis für die Verkleidung erteilt, der **ADAC** hatte **jedoch** in einem Film **auf die Pendelerscheinungen** infolge der Verkleidung **hingewiesen**. Auch **HONDA** nahm eigene Untersuchungen vor. Daraufhin gab sie **per Brief entsprechende Warnhinweise** an alle ihr bekannten Motorradfahrer heraus. Diese Schreiben wurden am Tag vor dem Unfall des Klägersohnes abgeschickt und erreichten diesen nicht mehr rechtzeitig.

Problem: Im Mittelpunkt der Entscheidung des BGH stand die Produktbeobachtungspflicht hinsichtlich des **Zubehörs, welches überhaupt nicht vom Hersteller selbst stammte.** Weder Zubehör noch Motorrad selbst waren an sich mangelhaft. Die Gefahr ergab sich erst in der Kombination.

Urteil: Der BGH hob ein Urteil der Vor-Instanz auf, die Honda nicht verurteilt hatte und nahm dabei zu den grundsätzlichen Problemen im Zubehörbereich Stellung.

---

[96] BGHZ 99, 167.

Anlässlich dieses Falles entwickelte der BGH einige Grundsätze. Danach besteht eine Produktbeobachtungspflicht des Herstellers des Hauptprodukts, die sich in groben Zügen wie folgt darstellen lässt:[97]

Grundsätze im Zubehörbereich

Notwendiges Zubehör

- Dieses ist nötig, um das Hauptprodukt erst betriebsbereit und funktionstüchtig zu machen.
- Hier besteht eine **umfassende Beobachtungspflicht** (= aktive Produktbeobachtung und Prüfung aller Komplementärprodukte).

Praxistipp

Zubehör, dessen Anbringung der Hersteller schon durch entsprechende Vorkehrungen **ermöglicht** oder das er sogar **empfohlen** hat

- Hier muss der **Zubehörmarkt überprüft** und **vor Missbrauch gewarnt** werden.
- Ist der Zubehörmarkt unüberschaubar und eine aktive *Produktbeobachtung* daher *unzumutbar*, müssen **Positiv-Empfehlungen** abgegeben werden.
- Bezüglich dieser *positiv empfohlenen* Produkte besteht weiterhin eine **aktive Produktbeobachtungspflicht**.
- Kommen dem Hauptproduzenten *konkrete Gefahren* anderer Produkte zu Ohren, muss er dennoch **gezielt warnen**.

Allgemein gebräuchliches Zubehör

- Hier sollte der Hersteller jedenfalls die Erzeugnisse der Marktführer einer **eingehenden Prüfung** unterziehen.
- Im Übrigen reicht die bloße **Marktbeobachtung** aus, eine Überprüfung jedes Einzelzubehörteils ist also nicht nötig, sofern es keine konkreten Anhaltspunkte für Gefahren gibt.
- Gibt es diese Anhaltspunkte aber, so steigert sich die passive Produktbeobachtungspflicht zur **aktiven**; es muss dann also auch konkret überprüft werden.

---

[97] Vgl. dazu BGH Z 99, 167; *Klinger*, Die Produktbeobachtungspflicht bezüglich Fremdzubehörteilen, 1998, S. 69 ff; Graf von Westphalen / *Foerste*, Produkthaftungshandbuch Band 1, Vertragliche und deliktische Haftung, Strafrecht und Produkthaftpflichtversicherungen, 2. Auflage, C.H. Beck, München 1997, § 25.

Denkbare Folge: Rückruf

Eine weitere Folge der Produktbeobachtung ist unter Umständen die Pflicht, bei Fehlerhaftigkeit die bereits beim Verbraucher befindlichen Produkte zurückzurufen (**Rückrufaktion!**). Diesem Problemkreis ist ein eigenes Kapitel gewidmet.[98]

8. Der Zurechnungszusammenhang

Zurechungszusammenhang

Eine **weitere Voraussetzung** für einen Anspruch aus § 823 I BGB ist neben der Verletzung einer Verkehrssicherungspflicht das Bestehen eines Zurechungszusammenhangs zwischen Verletzungshandlung, Rechtsgutsverletzung und Schadenseintritt:

Da es niemandem gefällt, für etwas einstehen zu müssen, wofür er eigentlich nichts kann, gibt es das Merkmal des Zurechnungszusammenhangs.

Dabei muss

Praxistipp

- zwischen Verletzung der Verkehrssicherungspflicht durch den Hersteller und der Rechtsgutsverletzung ein **haftungsbegründender** Zurechnungszusammenhang bestehen und

- zwischen Rechtsgutverletzung und dem eingetretenen Schaden (wie im allgemeinen Deliktsrecht) ein **haftungsausfüllender** Zurechnungszusammenhang.

Erforderlich ist also immer, dass die Verletzungshandlung die Rechtsgutsverletzung und dass die Rechtsgutsverletzung den Schaden verursacht.

---

[98] Vgl. dazu Scherer/ Friedrich/ Schmieder/ Koller: Wer den Schaden hat... Unverzichtbares Praxiswissen zur Vermeidung der Produktfehlerhaftung, *Band 2*, rtw medien Verlag, Deggendorf 2004.

9. Beweislastverteilung und Verschulden

Geschäftsführer Groß fragt sich, wer denn in einem etwaigen Prozess wofür die Beweislast trage. Die Anspruchsteller müssten doch wohl zunächst der Waldmann GmbH alles beweisen, ehe eine Verurteilung zu befürchten sei.

9.1 Übersicht

Voraussetzung	Beweispflichtig	Anmerkungen
Schädigende Handlung = Vorliegen eines Produktfehlers	Geschädigter	Allgemeine deliktsrechtliche Beweislastgrundsätze: Der Produktfehler muss vom Geschädigten dargelegt werden. Ausnahme: Typische Herstellersphärenfehler bei Verletzung der Befundsicherungspflicht: Dann muss der Geschädigte nicht mehr beweisen, dass Fehler bereits in der Sphäre des Herstellers entstand.
Rechtsgutsverletzung	Geschädigter	Allgemeine deliktsrechtliche Beweislastgrundsätze: Eines der durch § 823 I BGB geschützten Rechtsgüter muss verletzt worden sein: Leben, Körper, Gesundheit, Freiheit, Eigentum oder sonstige (vergleichbar wichtige) Rechte.

(Haftungsbegründende) **Kausalität** zwischen schädigender Handlung und Rechtsgutverletzung	**Geschädigter** Produzent nur bei Verletzung der Befundsicherungspflicht (enger Ausnahmefall, vgl. Ziffer 9.3)	Allgemeine deliktsrechtliche Beweislastgrundsätze: Die schädigende Handlung muss für die Verletzung eines der durch § 823 I BGB geschützten Rechtsgüter ursächlich gewesen sein.
Schaden	**Geschädigter**	Allgemeine deliktsrechtliche Beweislastgrundsätze: Der Geschädigte muss seinen Schaden konkret dartun (substantiierter Vortrag).
(Haftungsausfüllende) **Kausalität** zwischen Rechtsgutsverletzung und Schaden	**Geschädigter**	Allgemeine deliktsrechtliche Beweislastgrundsätze: Die Rechtsgutsverletzung muss sich auch in einem konkreten Schaden niederschlagen und dafür ursächlich sein.
Schuldhafte Pflichtverletzung	**Produzent** (bezüglich Nichtverschulden)	Zunächst Anscheinsbeweis: Falls keine Entkräftung (z.B. Darlegung eines Ausreißers) erfolgt, wird vermutet, dass der Produktfehler auf der Verletzung einer Herstellerpflicht beruht. Erst dann Beweislastumkehr: Hersteller muss sein Nicht-Verschulden belegen.

9.2 Einzelheiten

Großer Nachteil für den Geschädigten bei der deliktischen Produzentenhaftung nach § 823 I BGB im Vergleich zur vertraglichen Sachmängelhaftung und zur Haftung nach Produkthaftungsgesetz ist, dass der Anspruchsteller grundsätzlich sämtliche Voraussetzungen beweisen muss.

Problem

Dies ist gerade im Bereich der Produzentenhaftung im Hinblick auf das Verschulden äußerst schwierig: Mangels Einblick in die Betriebsabläufe ist es oftmals unmöglich, dem Hersteller Fahrlässigkeit oder gar Vorsatz nachzuweisen, so dass ein Anspruch häufig am Nachweis des Verschuldens scheitert.

Seit dem *Hühnerpest-Fall*[99] ist dieses Problem für den Geschädigten jedoch beseitigt: Der BGH erkennt - wie im Arzthaftungshaftungsrecht - auch im Falle der Produzentenhaftung eine grundsätzliche **Beweislastumkehr** zugunsten des Geschädigten an. Dabei geht die Rechtsprechung gestaffelt vor:

Lösung: Beweislastumkehr bei Verschulden

Zunächst lässt sie den **Anscheinsbeweis** in Bezug auf die Verletzung einer Verkehrssicherungspflicht zu: Bei einem typischen Geschehensablauf (Schadensbild lässt auf typischen Produktfehler schließen) wird vermutet, dass der Produktfehler durch schuldhafte Verletzung einer Herstellerpflicht verursacht wurde.[100]

Zunächst: Anscheinsbeweis

Der Hersteller kann den Anscheinsbeweis entkräften, indem er konkrete Anhaltspunkte für einen atypischen Geschehensablauf vorträgt: Er hat beispielsweise darzulegen, dass in allen relevanten Bereichen (Konstruktion, Produktion, Instruktion, Produktbeobachtung) sämtliche organisatorischen Vorkehrungen zur Fehlervermeidung und Fehlerentdeckung getroffen wurden.

Entkräftung des Anscheinsbeweises

---

[99] BGHZ 51, 91.
[100] BGHZ 51, 91.

Tipp:

- Dokumentation der Betriebsabläufe
- Vgl. dazu Band 2 dieses Buches.

Echte Beweislastumkehr

Bei Nachweis einer lückenlosen und fehlerfreien Organisation wird der Anscheinsbeweis entkräftet. Falls keine Entkräftung erfolgt, wird das Verschulden des Herstellers vermutet: erst jetzt greift also eine echte **Beweislastumkehr** zu Lasten des Herstellers.[101]

Dabei werden hohe Anforderungen durch die Rechtsprechung an den Entlastungsbeweis gestellt: Der Nachweis einer lückenlosen und ordnungsgemäßen Organisation zur Fehlervermeidung und Fehlerentdeckung genügt nicht. Der Hersteller muss vielmehr sämtliche Umstände darlegen, die zur Fehlerverursachung geführt haben könnten.[102] Er kann sich nicht damit entlasten, seine Verrichtungsgehilfen sorgfältig ausgewählt und überwacht zu haben, da der Anspruch nicht auf § 831 I 1 BGB basiert.

Tipp:

- Bei Beweis eines mit verhältnismäßigen Mitteln nicht zu vermeidenden *Ausreißers* oder eines nach dem damaligen Stand von Wissenschaft und Technik unvermeidbaren *Entwicklungsfehlers* gelingt die Entlastung ausnahmsweise.

---

[101] Ständige Rechtsprechung seit BGHZ 51, 91.
[102] Münchener Kommentar / *Mertens*, Band 5, 3. Auflage, C.H. Beck, München 1997, § 823 - Rn. 299.

9.3 Ausnahmsweise noch weitergehende Beweislastumkehr

Unter sehr strengen und engen Voraussetzungen hat der BGH im *Mehrwegflaschen-Fall*[103] eine Ausnahme von dem Grundsatz gemacht, dass der Geschädigte die Beweislast für die Fehlerhaftigkeit des Produkts trägt:

Weitergehende Beweislastumkehr im Ausnahmefall

Fall: Die Beklagte stellte kohlensäurehaltige Erfrischungsgetränke her, die sie in Einheits-Mehrwegflaschen abfüllt und in den Handel bringt. Die Eltern des Klägers bezogen über einen Getränkehändler einen Kasten Limonade aus dieser Produktion. Als der Kläger kurz darauf eine Flasche aus dem Kasten nahm, zerbarst diese aufgrund eines Haarrisses, wobei der Kläger teilweise erblindete.

Im Prozess ließ sich nicht klären, ob der Haarriss in der Flasche schon vor dem Inverkehrbringen beim Hersteller oder erst später entstanden war.

Urteil: Der BGH gab dem Kläger Recht: In diesem speziellen Fall treffe ihn nicht die Beweislast bezüglich der Fehlerhaftigkeit des Produkts.

Gründe: Es bestehe die Pflicht des Produzenten, sich über Freiheit der Produkte von Fehlern, die typischerweise in der Herstellersphäre entstehen, zuverlässig zu vergewissern. Entsprechend der Parallele zum Arzthaftungsrecht ist eine Überprüfung des Status des Produkts vor dem Inverkehrbringen und eine Befundsicherung erforderlich.

Beispiel

Nicht ausreichend ist also die Durchführung der allgemein üblichen **Warenendkontrolle**. Bei Produkten, die erhebliche Risiken für den Verbraucher in sich tragen, muss der Hersteller über diese Endkontrolle hinaus **besondere Befunderhebungen** vorsehen. Ausreichend ist jedoch dann, dass durch die Maßnahme der Befundsicherung eine signifikante Verringerung des Produktrisikos erfolgt.

Befundsicherung

---

[103] BGHZ 104, 323.

Bei **Verletzung der Befundsicherungspflicht** gewährt der BGH dann Beweiserleichterungen:

Der Geschädigte muss nicht mehr beweisen, dass der schadensstiftende Fehler bereits in der Sphäre des Herstellers entstand.

Die Verletzung der Beweiserhaltungspflicht beim Hersteller führt dazu, dass der Fehler grundsätzlich dem Herstellerbereich zugeordnet wird, es sei denn, der Produzent führt den Gegenbeweis.

10. Haftungsumfang und Verjährung

Nach § 823 BGB wird in Verbindung mit § 253 II BGB auch **Schmerzensgeld** gewährt.[104]

Schmerzensgeld

Betragsmäßig ist die Haftung unbegrenzt, es gibt **keine Selbstbeteiligung** und auch **keine Beschränkung** auf privat genutzte Sachen (anders bei der Haftung nach dem ProdHaftG).

Haftungsumfang

Der Anspruch **verjährt** gemäß § 195 BGB in drei Jahren. Die Verjährung beginnt dabei am Ende des Jahres, in dem der Anspruch fällig ist *und* in dem dem Geschädigten die anspruchsbegründenden Tatsachen sowie die Person des Schädigers bekannt werden (§ 199 I BGB). Verjährung tritt aber spätesten zehn Jahre nach der Rechtsgutsverletzung beim Geschädigten ein (§ 199 IV BGB).

Verjährung

Sollte es durch den Produktfehler zum Tod oder zu einer Körperverletzung gekommen sein, beträgt die Verjährungsfrist sogar 30 Jahre. Sie beginnt unabhängig von einer subjektiven Kenntnis im Zeitpunkt der schuldhaften Verletzung der Herstellerpflicht (§ 199 II BGB).

30-jährige Verjährung bei Verletzung von Leben oder Körper

---

[104] **Neues Schadensrecht (seit August 2002):** § 847 BGB wurde aufgehoben und aus dem Deliktsrecht in das Schuldrecht (§ 253 II BGB) integriert, um so Schmerzensgelder auch außerhalb des Deliktsrechts gewähren zu können.

11. Kein Haftungsausschluss durch TÜV-Abnahme oder Behörden-Zulassung

Keine Haftungsbegrenzung durch TÜV-Abnahmen und behördlichen Genehmigungen

Weder die TÜV-Abnahme **noch** eine sonstige behördliche Zulassung oder Genehmigung[105] oder die Möglichkeit des Einschreitens der Behörde nach dem GPSG[106] **entbindet den Hersteller von seinen eigenen Pflichten.**

Dies liegt daran, dass TÜV und Behörden in aller Regel nur eine sehr beschränkte technische Überwachung vornehmen.

Der BGH verneinte im Honda-Fall[107] ausdrücklich das Erreichen der Pflichtengrenze des Herstellers, da zum einen **öffentlich-rechtliche Genehmigungs- und Zulassungsvoraussetzungen regelmäßig nur** den **Mindeststandard** definierten und zum anderen bei einer Bejahung die Sorge für die Verkehrssicherheit unzulässigerweise auf die Zulassungsbehörde übertragen werde.

Grund: Selten aktueller Stand der Technik

Der **Prüfungsmaßstab** von Behörden **orientiert sich** darüber hinaus **selten am aktuellen Stand** von Wissenschaft und Technik, hinkt also den aktuellen Sicherheitserkenntnissen meist hinterher; darüber hinaus kann aus der behördlichen Überprüfung eines Musters nicht geschlossen werden, gefährliche Mängel einzelner Produktserien (beispielsweise aufgrund von Produktionsfehlern oder leichten Konstruktionsänderungen) könnten nicht auftreten.[108]

Damit entbindet eine behördliche oder eine TÜV-Zulassung nach ständiger Rechtsprechung zum Beispiel auch nicht von der Produktbeobachtungspflicht hinsichtlich Kombinationsgefahren.[109]

---

[105] Ein Beispiel dafür stellen etwa CE-Kennzeichnungen dar.
[106] Vgl. dazu Scherer/ Friedrich/ Schmieder/ Koller: Wer den Schaden hat... Unverzichtbares Praxiswissen zur Vermeidung der Produktfehlerhaftung, *Band 2*, rtw medien-verlag, Deggendorf 2004.
[107] BGHZ 99, 167.
[108] *Klinger*, Die Produktbeobachtungspflicht bezüglich Fremdzubehörteilen, Medien Verlag Köhler, Tübingen 1998, S. 98 f..
[109] Vgl. etwa BGH VersR 1975, 329; NJW 1987, 372; NJW 1989, 707.

12. Exkurs: Das neue Geräte- und Produktsicherheitsgesetz

Weiterführende Literatur:

Bodewig, Der Rückruf fehlerhafter Produkte, 1. Auflage, Mohr Siebeck, Tübingen, 1999; *Geiß/Doll*, Produkte im Spannungsfeld zwischen Produktsicherheitsrichtlinie und Gerätesicherheitsgesetz, Bundesarbeitsblatt 2003, 20ff; *Graf-von-Westphalen*, Warn- oder Rückrufaktionen bei nicht sicheren Produkten: §§ 8, 9 ProdSG als Schutzgesetz im Sinne von § 823 II BGB - Rechtliche und versicherungsrechtliche Konsequenzen, DB 1999, 1369 ff.; *Haager*, Das neue Produktsicherheitsgesetz, WiB 1997, 1176ff; *Hermann*, Die Rückrufhaftung des Produzenten, BB 1985, 1801 ff.; *Klindt*, Der new approach im Produktrecht des europäischen Binnenmarkts –Vermutungswirkung technischer Normung EuZW 2002, 133ff; *Klindt*, Europäisches Produktsicherheitsrecht: Warum Industrieversicherer CE-Kennzeichnungen und Gefahrenanalyse kennen sollten, Versicherungswirtschaft 2003, 676 ff.; *Klindt*, Rechtsprechung bestätigt erneut: Produkthaftung trotz CE-Kennzeichnung, PHi 2003, 170 ff.; *Kullmann* Das künftige Produktsicherheitsgesetz, ZRP 1996, 436ff.; *Kullmann*, Der Rückruf fehlerhafter Produkte, NJW 2000, 1248 ff.; *Mayer*, Produkthaftung und Gefahrenbeseitigung, DB 1985, 319 ff.; *Pieper*, Verbraucherschutz durch Pflicht zum Rückruf- Fehlerhafte Produkte ?, BB 1991, 985; *Potinecke*, Das Geräte- und Produktsicherheitsgesetz, DB 2004, 55 ff.; *Tremmel/Nolte* Amtshaftung wegen behördlicher Warnungen nach dem Produktsicherheitsgesetz NJW 1997, 2265ff; *Wagner*, Das neue Produktsicherheitsgesetz – Öffentlich-rechtliche Produktverantwortung und zivilrechtliche Folgen (Teil II), BB 1997, 2541 ff.

Literatur

12.1 Allgemeines zum Geräte- und Produktsicherheitsgesetz[110]

Das Folgende soll nur einen kurzen Überblick über das neue Gesetz verschaffen:

Das **„Gesetz zur Neuordnung der Sicherheit von technischen Arbeitsmitteln und Verbraucherprodukten"** wurde am 09. Januar 2004 im Bundesgesetzblatt veröffentlicht. Es beruht auf der EU Produktsicherheitsrichtlinie (**ProdSL**)[111], die den deutschen Gesetzgeber zur Umsetzung bis zum 15.Januar 2004 verpflichtete.

Mindestqualitätsmaßstab

Mindestqualitätsvorschriften

Nach **Art. 28 GPSG** tritt das Geräte- und Produktsicherheitsgesetz (GPSG) am 01. Mai 2004 in Kraft. Es bildet zum einen den Kernbereich des bestehenden Gerätesicherheitsgesetzes (GSG) für technische Arbeitsmittel und Gebrauchsgegenstände und übernimmt zum anderen vom Produktsicherheitsgesetz (ProdSG) den **Mindestqualitätsmaßstab** für Produkte, für die es keine spezialrechtlichen Regelungen gibt. Zudem enthält das GPSG auch **Mindestqualitätsvorschriften** für Verbraucherprodukte.

„Aus zwei mach eins"

Das bestehende **Gerätesicherheitsgesetz (GSG)** und **Produktsicherheitsgesetz (ProdSG)** werden vom GPSG abgelöst. Beide treten am 01. Mai 2004 außer Kraft (Art. 28 GPSG).

Regelungsgegenstände

Mit dem GPSG liegt nunmehr ein **umfassendes Gesetz für technische Produkte, das heißt technische Arbeitsmittel, Verbraucherprodukte und überwachungsbedürftige Anlagen vor**.[112] Zuordnungsprobleme und Doppelregelungen, wie sie durch das nebeneinander auf GSG und ProdSG bestanden, werden nunmehr beseitigt.

In § 4 Abs. 2 GPSG wird das auf europäischer Ebene bereits erfolgreiche Konzept der Einbindung technischer Normen auf den nationalen Bereich übertragen. Danach kommen Hersteller, die ihre Produkte auf der Basis amtlich bekannt gemachter Normen

---

[110] BGBl.2004 Teil I Nr.1 S.2, ausgegeben zu Bonn am 9. Januar 2004
[111] RL 2001/95/EG
[112] Die Begriffe werden unter 12.2 erläutert.

fertigen, zukünftig in den Genuss der **Konformitätsvermutung**. Konformitätsvermutung bedeutet, dass Hersteller davon ausgehen können, dass bei korrekter Anwendung harmonisierter Normen die jeweils erforderlichen Sicherheitsvoraussetzungen des GPSG und der EU-Richtlinien erfüllt sind.

Konformitätsvermutung

Mit der Zusammenführung von GSG und ProdSG können Hersteller zukünftig auch Produkte mit den **GS-Zeichen**[113] versehen, für die das bisher nicht möglich war, wie z.B. Zubehörteile von Maschinen und Möbel, was für Unternehmen von erheblicher Bedeutung ist.

GS-Zeichen

Abschnitt 3 GPSG fasst die **Vorschriften bezüglich der Überwachung des in Verkehrbringens von Produkten sowie die Information über unsichere Produkte** zusammen. Diese sind in Umsetzung der Richtlinie über die allgemeine Produktsicherheit 2001/95/EG[114] erweitert worden, was letztlich zu einer Verbesserung des Schutzes von Verbrauchern und Beschäftigten führt.

12.2 Wesentliche Begriffsbestimmungen im neuen GPSG

Das GSG gilt nach § 1 Abs. 1 GSG für das in Verkehrbringen und Ausstellen von „**technischen Arbeitsmitteln**", diese sind nach § 2 Abs. 1 GSG verwendungsfertige Arbeitseinrichtungen, vor allem Werkzeuge.

Technische Arbeitsmittel

Demgegenüber erweitert das GPSG seinen Anwendungsbereich. In Erweiterung zum GSG werden vom GPSG nach § 1 Abs. 1 GPSG nicht nur technische Arbeitsmittel, sondern auch **Verbraucherprodukte** erfasst.[115] Die Ausdehnung des Anwendungsbereiches erfolgt durch die Verwendung eines neuen Produktklassifizierungsschemas. Hierfür wird in § 2 Abs. 1 GPSG der **Oberbegriff „Produkte"** eingeführt, der einerseits die **technischen Arbeitsmitteln** (§ 2 Abs. 2 GPSG) und andererseits

Verbraucherprodukte

---

[113] Vergleiche hierzu 12.4.2
[114] ABl EG Nr. L 11 S. 4
[115] Nach § 13 BGB ist ein Verbraucher jede natürliche Person, die ein Rechtsgeschäft zu einem Zwecke abschließt, das weder ihrer gewerblichen noch ihrer selbständigen beruflichen Tätigkeit zugerechnet werden kann.

die **Verbraucherprodukte** (§ 2 Abs. 3 GPSG) umfasst. Durch die Verwendung der Begriffe „Produkte", „technische Arbeitsmittel" und „Verbraucherprodukte" lassen sich alle relevanten Produktbereiche erfassen, es entsteht ein nahezu lückenloser Schutz.[116]

Technische Arbeitsmittel sind, wie auch im „alten" GSG gemäß § 2 Abs. 1 Nr. 1 in Verbindung mit Abs. 2 GPSG **verwendungsfertige Arbeitseinrichtungen**, die bestimmungs- gemäß ausschließlich bei der Arbeit verwendet werden, deren **Zubehörteile** sowie **Schutzausrüstungen**, die nicht Teil einer Arbeitseinrichtung sind und **Teile von technischen Arbeitsmitteln**.

Beispiele

Beispiele:	Werkzeuge wie Bohrer, Schleifscheiben, Maschinen, Zubehör für Maschinen, Ersatzteile, Handgeführte Maschinen ohne Motor, Kabel, Leitungen, medizinische Geräte, Gerüste, Arbeitsbühnen, Leiter, Hebe- und Förderungseinrichtungen, Winden, Zuggeräte, etc.

Durch die Bezugnahme auf den Begriff „Arbeit" erfolgt eine klare Abgrenzung zum Verbraucherbegriff, der sich aus der Legaldefinition des § 13 BGB ergibt. Zu den technischen Arbeitsmitteln im Sinne des GPSG zählen nun auch, wie dargelegt, **Zubehörteile**, wie z.B. Werkzeugaufsätze für Roboteranlagen oder auch einfache Verbindungskabel.

Diese Ausdehnung ist sinnvoll und angezeigt, da es nicht einleuchtet, weshalb bei Zubehörteilen geringere Anforderungen als bei dem „Hauptprodukt" gelten sollen.

„Zur-Verfügung-Stellung" des Produkts

Verbraucherprodukte sind gemäß § 2 Abs. 1 Nr. 2 GPSG in Verbindung mit Abs. 3 GPSG Gebrauchsgegenstände und sonstige Produkte, die für **Verbraucher bestimmt** sind oder **unter vernünftiger Weise vorhersehbaren Bedingungen von Verbrauchern benutzt werden** können, selbst wenn sie nicht für diese bestimmt sind.

---

[116] Potinecke, Das Geräte- und Produktsicherheitsgesetz, DB 2004, 56.

Beispiele: Autos, Motorräder, Kosmetika, Spielzeug, Waschmittel, Fernseher, Rasierapparat, Sportgeräte, Handy, Gartengeräte, Rasenmäher, Solarium, Reisverschluss, Hifi-Geräte, CD, DVD, Textilien, Christbaumständer etc.

Beispiele

Als Verbraucherprodukte gelten auch Gebrauchsgegenstände und sonstige Produkte, die dem Verbraucher **im Rahmen der Erbringung einer Dienstleistung zur Verfügung gestellt werden**. Damit werden nunmehr auch Produkte erfasst, die beispielsweise in Hotels, Fitnessclubs, Saunen und Freizeitparks dem Kunden zur Verfügung gestellt werden.

Beispiele: Laufband, Tennisschläger, Zimmerfahrrad, Getränkeautomaten

Beispiele

Hierbei handelt es sich jedoch **nicht** um die Produkte, die **vom Dienstleister selbst** bei der Erbringung der Dienstleistung für den Kunden **eingesetzt werden**, z.B. der Föhn des Friseurs. Bei der Prüfung, ob ein Verbraucherprodukt vorliegt, ist zu beachten, dass auf die „**Zur-Verfügung-Stellung**" des Produkts abgestellt wird. Soweit eine „Zur-Verfügung-Stellung" nicht erfolgt, also das Produkt nur „eingesetzt" wird, werden andere rechtliche Konsequenzen ausgelöst.[117]

Das GPSG gilt nunmehr auch für **überwachungsbedürftige Anlagen** wie z.B. Dampfkesselanlagen, Druckbehälteranlagen, Aufzugsanlagen, Getränkeschankanlagen etc..[118]

Überwachungsbedürftige Anlagen

Das neue Produkt- und Gerätesicherheitsgesetz soll nach den Motiven des Gesetzgebers einen **einheitlichen Mindeststandard** für technische Arbeitsmittel und Verbrauchsprodukte ermöglichen.[119] Insoweit gelten dessen Vorschriften nur subsidiär, das heißt, das GPSG gilt nur insoweit, als die Spezialvorschriften nicht eingreifen.

Einheitlicher Mindeststandard

---

[117] Soweit ein Produkt von einem Dienstleister nicht zur Verfügung gestellt wird, sondern vielmehr nur im Rahmen der Dienstleistung eingesetzt wird, kann es als reines Arbeitsmittel qualifiziert werden, mit der Folge, dass die Verpflichtungen des § 5 GPSG – bezüglich Verbraucherprodukte – nicht einschlägig sind.
[118] vgl. hierzu § 2 Abs. 7 GPSG
[119] Potinecke, Das Geräte- und Produktsicherheitsgesetz, DB 2004, 57.

Spezialvor-schriften	Spezielle Vorschriften hierfür sind beispielsweise das Medizinproduktgesetz (MPG), das Gesetz über Funkanlagen und Telekommunikationseinrichtungen (FTEG), Arzneimittelgesetz (AMG), Chemikaliengesetz (ChemG), Sprengstoffgesetz (SprengstoffG), sämtliche Bestimmungen über Nahrungsmittel z.B. Milch-und-Fettgesetz[120] etc..
Dennoch: Lückenfüllung durch GPSG	**Aber:** Selbst wenn einzelne spezielle Regelungen bestehen, gilt das GPSG unabhängig davon auch für diejenigen Bereiche, die in der speziellen Vorschrift nicht geregelt werden (**Ausnahme:** Lebensmittel).
Gebrauchte Produkte	Unter die Neuregelung des GPSG können nunmehr, im Gegensatz zur früheren Regelung, eingeschränkt auch **gebrauchte Produkte** fallen, da nunmehr nicht nur das erstmalige Überlassen als „in den Verkehr bringen" definiert wird, sondern **jedes Überlassen.**
Künftige Relevanz des GPSG	Nach einer Schätzung des TÜV fallen rund 90% aller Produkte für Verbraucher unter das neu geschaffene Geräte- und Produktsicherheitsgesetz.[121]

---

[120] Nahrungsmittel sind von vornherein vom Geltungsbereich des GPSG ausgenommen.
[121] TÜV Journal 1. Quartal 2004, 4

12.3 Die Kernregelungen des GPSG

Die Kernregeln des GPSG sind die §§ 4 und 5:

Vorschrift des GPSG	Wesentlicher Inhalt
§ 4 GPSG Inverkehrbringen	Voraussetzung für das **Inverkehrbringen** ist, dass das Produkt bei bestimmungsgemäßer Verwendung und vorhersehbarer Fehlanwendung **keine Gefährdung für die Sicherheit und die Gesundheit** der **Verwender und Dritter** mit sich bringt.
Ausstellen	Die **Ausstellung** eines unsicheren Produkts ist nur erlaubt, wenn ausdrücklich darauf hingewiesen wird. Ein Verkauf ist erst nach Beseitigung der Sicherheitsmängel zulässig, § 4 V GPSG.
§ 5 GPSG **Besondere Pflichten bei Verbraucherprodukten**	**Hersteller und Importeure** müssen (§ 5 I, II GPSG) • ausreichend über die Gefahren des Produkts informieren, • Name und Adresse des Herstellers oder (falls der Hersteller nicht im Europäischen Wirtschaftsraum ansässig ist) des Importeurs auf dem Produkt oder der Verpackung angeben, • Vorkehrungen treffen, damit ein wirksamer Rückruf möglich ist und • bei bekannt werdenden Gefahren die zuständigen Behörden informieren. **Händler** müssen dazu beitragen, dass nur sichere Produkte in Verkehr gebracht werden (§ 5 III GPSG). • Insbesondere darf kein Verkauf stattfinden, wenn der Händler weiß oder wissen muss, dass das Produkt gefährlich ist. **Achtung**: Dies gilt nur bei Verbraucherprodukten!

Kernregelungen des GPSG

Zu den nunmehr erheblichen Pflichten des Herstellers[122], Bevollmächtigten[123] oder Einführers[124] und Händlers[125] daher noch einmal im Detail:

Informationspflicht:

Information durch Verpflichteten

Der Verpflichtete **(Hersteller, Bevollmächtigter, Einführer; nicht jedoch der Händler)** hat nach § 5 Abs. 1 Nr. 1 a GPSG dafür Sorge zu tragen, dass der Produktverwender die erforderlichen Produktinformationen erhält. Der Produktverwender soll so in die Lage versetzt werden, zu beurteilen, welche Gefahren während der übrigen oder vernünftigerweise vorhersehbaren Gebrauchsdauer vom Produkt ausgehen, um sich gegen das Gefahrenpotenzial zu schützen. Die Anbringung eines **Warnhinweises** entbindet jedoch nicht von der Verpflichtung, die Vorgaben des GPSG zu beachten.

Warnhinweise entbinden nicht von Vorgaben des GPSG

Identifikationspflicht:

Identifikation des Verpflichteten

Ferner hat der Verpflichtete **(nicht: der Händler)** nach § 5 Abs. 1 Nr. 1 b GPSG den **Namen des Herstellers** auf dem Produkt oder auf der Verpackung anzubringen sowie das Produkt so zu kennzeichnen, dass es eindeutig identifiziert werden kann. Bei **nicht im Europäischen Wirtschaftsraum** ansässigen Produktherstellern sind der Name und die Anschrift des Bevollmächtigten oder des Importeurs anzubringen.[126] Des Weiteren hat der Verpflichtete nach § 5 Abs. 1 Nr. 1 c) GPSG die erforderlichen Vorkehrungen zu treffen, um erforderlichenfalls eine **effektive Warnung** oder einen **Rückruf** des Produkts zu

---

[122] Als Hersteller werden auch „Quasihersteller" betrachtet, die ihren Namen oder Marke an ein Produkt anbringen und sich als Hersteller ausgeben.
[123] Bevollmächtigter ist gemäß §2 Abs. 11 GPSG jede im Europäischen Wirtschaftsraum niedergelassene natürliche oder juristische Person, die vom Hersteller schriftlich dazu ermächtigt wurde, in seinem Namen zu handeln.
[124] Vergleiche § 2 Abs. 12 GPSG
[125] Vergleiche § 2 Abs. 13 GPSG
[126] Die Angaben können weggelassen werden, wenn dies vertretbar ist. Dies wird insbesondere angenommen, wenn die Angaben über den Hersteller, Bevollmächtigten oder Importeur und deren Anschrift bereits bekannt sind.

ermöglichen. Besonders wichtig hierfür ist, dass das Produkt demnach **auch für den Händler** im Falle eines Rückrufs zweifelsfrei identifiziert werden kann. Die Art und Weise der eindeutigen Identifikation des Produktes kann frei gewählt werden. In Betracht kommen Typen- oder Seriennummern sowie die Führung einer Kundenkartei. Es muss jedoch ein schnelles und zielgerichtetes Reagieren im Hinblick auf das unsichere Verbraucherprodukt ermöglicht werden.

Produktbeobachtungspflicht:

Der Verpflichtete **(nicht: der Händler)** hat nach **§ 5 Abs. 1 Nr. 2 GPSG** bei den in Verkehr gebrachten Verbraucherprodukten Stichproben durchzuführen, Beschwerden zu prüfen und erforderlichenfalls ein Beschwerdebuch zu führen sowie die Händler über das Verbraucherprodukt betreffende Maßnahmen zu unterrichten. Der Grad der gebotenen Stichproben ist abhängig vom Gefahrenpotenzial des Produktes und kann sich zu einer aktiven Produktbeobachtung verdichten. **Die Produktbeobachtungspflicht** geht sogar so weit, dass Produkte anderer Hersteller die mit dem eigenen Produkt kombiniert werden können, ebenso wie das eigene Produkt beobachtet werden müssen. Vergleiche hierzu das bereits unter **7.2** dargestellte **HONDA-Urteil**[127].

Produktbeobachtungspflicht

> **Merke:**
>
> Je größer die Gefahr, die vom Produkt ausgeht, desto erheblicher die Produktbeobachtungspflicht.

Praxistipp

Insbesondere für Importeure aus dem EU-Raum und Nicht-EU-Raum stellt die Produktbeobachtungspflicht eine erhebliche Mehrbelastung dar.

---

[127] BGHZ 99, 167.

Anzeigepflicht:

Anzeige-pflicht

Der Verpflichtete (**nicht: der Händler**) hat nach **§ 5 Abs. 2 GPSG** die Behörde unverzüglich zu unterrichten, wenn er weiß oder aufgrund seiner Erfahrung Anhaltspunkte dafür hat, dass von einem in Verkehr gebrachten Verbraucherprodukt eine Gefahr für die Gesundheit und Sicherheit von Personen ausgeht. Im Sinne dieser Berichtspflicht hat er die Behörde von Maßnahmen zu **unterrichten**, die er zur Abwehr der Gefahr getroffen hat. Die im Rahmen der Unterrichtung übermittelten Informationen können jedoch nicht zur strafrechtlichen oder ordnungsrechtlichen Verfolgung verwertet werden.

Die besonderen Händlerpflichten:

Besondere Händler-pflichten

Die **Händlerpflichten** entsprechen weitestgehend den bisherigen Regelungen des § 5 Produktsicherheitsgesetz. Der Händler **darf** nach **§ 5 Abs. 3 GPSG** Verbraucherprodukte **nicht in Verkehr bringen**, wenn ihm bekannt oder aufgrund vorliegender Information oder seiner Erfahrung bekannt sein muss, dass ein Verbraucherprodukt nicht den **Anforderungen an Gesundheit und Sicherheit** entspricht.

Die Verpflichtung zur **Produktbeobachtung** gilt indirekt auch für den Händler. Zwar ergibt sich die Verpflichtung zur Produktbeobachtung in erster Linie aus § 5 Abs. 1 GPSG, der für Händler gerade keine Anwendung findet, allerdings wird dem Händler in § 5 Abs. 3 GPSG auferlegt, dass er keine Verbraucherprodukte in Verkehr bringen darf, über deren Unsicherheit er Kenntnis hat. Dieser Verpflichtung kann der Händler nur nachkommen, wenn er gerade das von ihm vertriebene Produkt beobachtet.[128] Auch der Händler kann durch die zuständige Behörde nach § 8 Abs. 4 GPSG in Verbindung mit § 8 Abs. 5 GPSG zum Rückruf gefährlicher Produkte herangezogen werden. Der Händler ist somit verpflichtet, Dokumente

---

[128] Potinecke, Das Geräte- und Produktsicherheitsgesetz, DB 2004, 58.

aufzubewahren und bereit zu stellen, die eine Rückverfolgung von Produkten zum Kunden ermöglicht. Somit ist der Händler nun verpflichtet, an Gefahrvermeidungsmaßnahmen der Hersteller sowie der Vollzugsbehörden mitzuwirken; auch hat er die hier erforderlichen Grundlagen, wie etwa Ablaufpläne und Dokumentationen, in geeigneter Weise vorzuhalten.

Durch die Verweisung auf § 5 Abs. 2 GPSG obliegt auch dem Händler die Verpflichtung, **die Behörde unverzüglich zu unterrichten**, wenn er Anhaltspunkte hat, dass ein Produkt nicht den **Anforderungen an Gesundheit und Sicherheit** entspricht. Dies war nach bisheriger Gesetzeslage nicht der Fall.

Fazit:

Das Geräte- und Produktsicherheitsgesetz stellt erhebliche Anforderungen an Hersteller, Bevollmächtigte, Importeure und Händler.

12.4 Befugnisse der Behörden

12.4.1 Übersicht

Folgende Übersicht stellt das Instrumentarium der zuständigen Behörden dar, um auf unsichere Produkte reagieren zu können:

Befugnisse von Behörden

Instrumente nach dem GPSG	Anmerkungen
Ausstellungsuntersagung (§ 8 IV 2 Nr. 1)	• Nur bei Verletzung der Vorgaben des § 4 V GPSG
Maßnahmen zur Sicherheitsgewähr (§ 8 IV 2 Nr. 2)	• Ausfüllungsbedürftige Generalklausel
Überprüfungsanordnung (§ 8 IV 2 Nr. 3)	• Nötig, um feststellen zu können, ob ein Produkt den Sicherheitsanforderungen entspricht
Verbot des Inverkehrbringens (§ 8 IV 2 Nr. 4 + 5)	• Vorübergehendes Verbot während des Prüfungszeitraums nach Nr. 3 • Endgültiges Verbot nach Abschluss der (negativ ausgefallenen) Prüfung
Rückruf- oder Rücknahmeanordnung (§ 8 IV 2 Nr. 6)	• Sogar unschädliche Beseitigung kann angeordnet werden
Warnungsanordnung (§ 8 IV 2 Nr. 7)	• Zwang zur Anordnung durch den Hersteller
Selbst-Warnrecht der Behörde (§ 8 IV 3 GPSG)	• Behörde darf selbst warnen, wenn andere Maßnahmen nicht oder nicht rechtzeitig getroffen werden (insbesondere durch den Hersteller selbst)
Annexkompetenzen (§ 8 VII – X GPSG)	• Recht zum Betreten von Grundstücken und Räumen • Recht zur Prüfung der Produkte • Recht auf Probeentnahme und Musteranforderung • Recht zur gegenseitigen Information und Unterstützung der zuständigen Stellen untereinander
Adressaten der Anordnungen (§ 8 V GPSG)	• Grundsätzlich der Hersteller oder der Importeur • Händler nur, falls erforderlich • Dritte nur bei gegenwärtiger Gefahr (dann ggf. Schadensersatzanspruch)

12.4.2 Die wichtigsten Regelungen im Einzelnen:

Die **Aufgaben und Befugnisse** der Behörden sind in § **8 GPSG** festgelegt und basieren hauptsächlich auf den bisherigen Bestimmungen zur Marktüberwachung in den §§ 5,6 und 7 GSG sowie § 7 ProdSG. Die Vorgaben des Art.9 ProdSRL über Gewährleistung einer wirksamen Marktüberwachung sind dazugekommen.

Aufgaben und Befugnisse der Behörden

12.4.2.1 Marktüberwachungskonzept

Nach § 8 Abs. 2 GPSG müssen die Behörden nun ein System einrichten, welches eine effiziente **Marktüberwachung gewährleistet und sicherstellt**. Die Aufgaben des Überwachungskonzeptes sind die Erfassung und Auswertung der verfügbaren Informationen über Mängelschwerpunkte und Warenströme. Darüber hinaus ist das Überwachungskonzept weiter zu entwickeln und fortzuschreiben. Um eine effiziente Marktüberwachung zu gewährleisten, ist ein länderübergreifendes koordiniertes Vorgehen notwendig. Zu diesem Zweck ist die Einrichtung einer gemeinsamen Stelle unabdingbar. Der **Arbeitsausschuss Marktüberwachung,** der schon 2001 ins Leben gerufen wurde, wird diese Aufgabe übernehmen. [129]

Einrichtung eines Marktüberwachungssystems

Arbeitsausschuss Marktüberwachung

12.4.2.2 Die wichtigsten Befugnisse im Detail:

Sollte Produkte nicht den Anforderungen an Sicherheit und Gesundheit entsprechen, muss die Behörde gemäß **§ 8 Abs. 4 Satz 2 GPSG** die **notwendigen Maßnahmen** treffen. Die Regelungen des § 5 Abs. 1 und Abs. 2 GSG werden hierbei weitestgehend übernommen. Im Gegensatz zum GSG, wo für das behördliche Handeln einzelne Anlässe aufgeführt werden, wird eine **allgemeine Regelung (Generalklausel) geschaffen, die alle Fälle abdecken soll**. Allein dies führt zu einer erheblichen Erweiterung der Befugnisse der Behörden.

Befugnisse der Behörden

---

[129] Vergleiche § 8 Abs. 3 GPSG

**Maßnah-
menkatalog**

Mit dem **§ 8 Abs.4 GPSG** wird den Behörden ein **vielfältiger Maßnahmenkatalog** an die Hand gegeben. Trotzdem ist die Behörde aber nicht auf eine der aufgeführten Maßnahmen beschränkt, wenn sich die Gefahr für Sicherheit und Gesundheit nur durch eine andere Maßnahme beheben lässt. Des Weiteren ermöglicht der Maßnahmenkatalog der Behörde ein flexibles, dem Einzelfall angemessenes Vorgehen. Unter den Maßnahmen kann man sich zum Beispiel die **Untersagung**[130] der Ausstellung und Inverkehrbringung sowie die **Überprüfung**[131] des Produkts bei gleichzeitiger **Anordnung eines Stopps**[132] des Inverkehrbringens für die Zeit der Überprüfung vorstellen. Darüber hinaus ist die Behörde auch ermächtigt, die Anbringung eines geeigneten und für Jedermann verständlichen **Warnhinweises**[133] der die möglichen Gefahren des Produkts betrifft, zu veranlassen. Ein solcher Warnhinweis muss stets in deutscher Sprache verfasst werden. Die Behörde kann aber noch weiter gehen und sogar die **Rücknahme oder den Rückruf**[134] bereits in Verkehr gebrachter Produkte anordnen. Ebenfalls ist eine **Sicherstellung**[135] des Produktes denkbar, wenn sich die Gefahr für den Verwender oder Dritte nicht anderweitig ausschließen lässt. Im schlimmsten Fall muss das Produkt sogar **unschädlich gemacht werden**[136]. Die Behörde wird jedoch Maßnahmen i. S. von § 8 Abs. 4 Satz 2 GPSG nicht ergreifen, soweit der Verpflichtete geeignete Maßnahmen zur Beseitigung der Gefahrensituation ergreift.

Rückruf

Dem **Rückruf** ist in **Band 2** dieses Buches ein eigener Abschnitt gewidmet: Detaillierte Ausführungen finden sich dort in Kapitel 14.

---

[130] Vergleiche § 8 Abs. 4 Nr. 1 GPSG
[131] Vergleiche § 8 Abs. 4 Nr. 3 GPSG
[132] Vergleiche § 8 Abs. 4 Nr. 4 GPSG
[133] Vergleiche § 8 Abs. 4 Nr. 7 GPSG
[134] Vergleiche § 8 Abs. 4 Nr. 6 GPSG
[135] Vergleiche § 8 Abs. 4 Nr. 5 GPSG
[136] Vergleiche § 8 Abs. 4 Nr. 6 GPSG

12.4.2.3 Adressat der behördlichen Maßnahmen:

Da die Gefahr möglichst an ihrem Ursprung beseitigt werden soll, sollen die Maßnahmen nach **§ 8 Abs. 5 GPSG** hauptsächlich den **Hersteller, seinen Bevollmächtigten oder den Einführer** betreffen. Trotzdem kann die Behörde **auch den Händler** in Anspruch nehmen. Eine Vorbereitung hierzu stellt die aktive Produktbeobachtung der von ihnen vertriebenen Produkte dar, da sie andernfalls nicht in der Lage sein werden, einen Rückruf der von ihnen in Verkehr gebrachten Produkte durchzuführen.

Adressaten der behördlichen Maßnahmen

12.4.2.4 Eilverordnungen

Im Zusammenhang mit den behördlichen Maßnahmen ist zu erwähnen, dass durch **§ 3 Abs. 5 GPSG** dem Bundesministerium für Wirtschaft und Arbeit (BMWA) außerdem eine **Befugnis zum Erlass von Eilverordnungen** an die Hand gegeben ist. Dadurch wird dem BMWA in dringenden Fällen ermöglicht, eine zeitlich befristete Rechtsverordnung zur Gefahrenabwehr zu erlassen.

Eilverordnungen des BMWA

12.4.2.5 Informationsveröffentlichung

Die zuständige Behörde und die Bundesanstalt für Arbeitsschutz und Arbeitsmedizin müssen Informationen über gefährliche Verbraucherprodukte **veröffentlichen**. Dadurch kann der Verbraucher eigenständig entscheiden, ob er die betreffenden Produkte weiterhin verwenden will. Diese Informationsweitergabe kann auch über elektronische Informations- und Kommunikationssysteme erfolgen. Für den Fall, dass einem Unternehmen durch eine Falschmeldung ein Schaden entstanden ist, hat die Behörde nach **§ 10 Abs. 5 GPSG** eine Richtigstellung abzugeben.

Information des Verbrauchers über gefährliche Produkte

Fazit:

Nach dem neuen Produkt- und Sicherheitsgesetz ist der Maßnahmenkatalog der Behörden erheblich erweitert und flexibler gestaltet.

12.5 GS-Zeichen und CE-Kennzeichnung

12.5.1 GS-Zeichen[137]

GS Kenn-
zeichnung

Mit der Zusammenführung von GSG und Produktsicherheitsgesetz wird für Hersteller zukünftig die Möglichkeit eröffnet, Produkte mit dem **GS-Zeichen**[138] zu versehen, für die bisher eine solche Kennzeichnung nicht möglich war, wie z.B. Zubehörteile von Maschinen und Möbel. Das GS-Zeichen darf nur zuerkannt werden, wenn das Produkt geprüften Baumustern entspricht und keine Gefahren für die Sicherheit und Gesundheit bestehen. Das GS-Zeichen verheißt dem Produkt **mechanische und elektrische Sicherheit**. Das Label wird von verschiedenen Organisationen vergeben, wie z.B. vom TÜV:[139]

Hersteller dürfen gemäß **§ 7 Abs. 3 GPSG** keine Zeichen verwenden, die mit dem GS-Zeichen verwechselt werden können.

> **Wichtig:**
>
> Die Erteilung eines GS-Zeichens entbindet den Hersteller jedoch nicht von den Pflichten des GPSG. Es findet kein Haftungsausschluss statt.[140]

---

[137] Ein GS-Zeichen kann der Hersteller bei den hierfür nach § 11 Abs. 2 GPSG zuständigen Stellen beantragen.
[138] GS Zeichen bedeutet „geprüfte Sicherheit".
[139] Vergleiche § 11 Abs. 2 GPSG.
[140] Vergleiche hierzu Scherer/Friedrich/Schmieder/Koller: Wer den Schaden hat... Unverzichtbares Praxiswissen zur Vermeidung der Produktfehlerhaftung, Band 2, rtw medien Verlag, Deggendorf 2004.

1.2.5.2 CE-Kennzeichen[141]

$$C\epsilon$$

CE-Kennzeichnung

Das System der **CE-Kennzeichnung** zielt darauf auf, die Produktsicherheit in Europa zu vereinheitlichen und zu verbessern. Zahlreiche Produkte dürfen nur mit einer CE-Kennzeichnung auf den Markt gebracht werden. Das Europäische System der Produktsicherheit basiert auf dem **Prinzip der Selbstkontrolle** von Herstellern und Inverkehrbringern. Diese tragen die Verantwortung dafür, dass ihre Produkte die grundlegenden Sicherheits- und Gesundheitsanforderungen entsprechend der Richtlinien nach Artikel 95 EG-Vertrag erfüllen und stellen dies durch ein so genanntes Konformitätsbewertungsverfahren sicher.[142]

Wenn das Produkt keinen Richtlinien widerspricht, besteht die Konformitätsvermutung.

Konformitätsvermutung

Der Hersteller bestätigt die Sicherheit seiner Produkte durch die Anbringung des CE-Kennzeichens. Nach § 6 GPSG ist es verboten, ein Produkt in Verkehr zu bringen, das mit einer CE-Kennzeichnung versehen ist, ohne dass eine Rechtsverordnung nach § 3 GPSG oder eine andere Rechtsvorschrift dies vorsieht.

---

[141] CE ist die Abkürzung für „Communauté Européenne"; übersetzt: "Europäische Gemeinschaft".
[142] In der Regel stehen den Herstellern verschiedene Konformitätsbewertungsverfahren zur Auswahl. Diese sind in den einschlägigen Richtlinien nach Artikel 95 EG-Vertrag definiert und beschrieben. Eine Übersicht über die EU-Richtlinien nach dem New-Approach mit und ohne CE-Kennzeichnungspflicht findet sich unter http:\europa.eu.int/comm/enterprise/newappro/ach/legislation/guide/document/guidepublic de.pdf.

Wer den Schaden hat …

EG-Richtlinien

Im EG-Recht gelten beispielsweise für CE-Kennzeichnungen folgende Richtlinien:

Beispiele

- Niederspannungs-RL (73/23/EWG)
- Druckbehälter-RL (87/404/EWG)
- Spielzeug-RL (88/378/EWG)
- EMV-RL[143] (89/336/EWG)
- Maschinen-RL (98/37/EG)
- PSA-RL[144] (89/686/EWG)
- Warmwasserkessel-RL (92/42/EWG)
- Implant. med. Geräte-RL (90/385/EWG)
- Gasgeräterichtlinie-RL (90/396/EWG)
- Medizinprodukte-RL (93/42/EG)
- Sportboote-RL (94/25/EWG)
- Extrem. gefährdete Bereiche-RL (94/9/EG)
- Funkanlagen -RL (99/5/EG)
- Druckgeräte-RL (97/23/EG)
- Seilbahnen-RL (00/9/EG)
- Bauprodukten-RL (89/106/EWG)
- Explosivstoffe-RL (93/15/EG)
- In-vitro-Diagnostika-RL (98/79/EWG)
- Haushaltskühlgeräte-RL (96/57/EWG)
- Aufzugs-RL (95/16/EG)
- Waagen-RL (90/384/EG)

Aber: Trotz CE Kennzeichnung besteht die Produkthaftung des Herstellers in vollem Umfang.

Beispiel

Beispiel: Dies wurde beispielsweise zuletzt am 20.03.2003 in einer Entscheidung des LG Osnabrück wieder bestätigt.[145]

„Der Kläger, ein damals zweieinhalbjähriger Junge, hatte sich an einem Plastikball verletzt, der an einem Gummiseil befestigt war. Der Ball, der eine CE-Kennzeichnung gemäß der EG-Spielzeugrichtlinie 88/378/EWG trug, verletzte den Kläger am Auge."

Das LG Osnabrück verurteilte den Hersteller zu Schadensersatzansprüchen aus dem Produkthaftungsgesetz. Es wurde festgestellt, dass die Einhaltung der produktsicherheitsrechtlichen Vorgaben keine produkthaftungsrechtliche Sicherheit bedeute.

---

[143] „Elektromagnetische Verträglichkeit".
[144] „Persönliche Schutzausrüstung".
[145] Das Urteil ist abgedruckt in PHi 5/2003, 170 ff.

12.6 Zusammenfassung

Mit dem GPSG hat der Gesetzgeber die Vorschriften für das Inverkehrbringen von Produkten erheblich verschärft. Die wichtigsten Aspekte:

Ein Produkt darf nur in den Verkehr gebracht werden, wenn die Sicherheit und Gesundheit von Anwendern nicht gefährdet sind. Das gilt sowohl für die bestimmungsgemäße Verwendung wie vorhersehbare Fehleranwendung. Das GPSG gilt im Rahmen wirtschaftlicher Unternehmungen (nicht bei Privatverkauf auf dem Flohmarkt) und unabhängig davon, ob die Produkte neu, gebraucht, wieder aufgearbeitet oder wesentlich verändert in den Verkehr gebracht werden. Das alte GSG erfasste nur das erstmalige Inverkehrbringen.

Wird ein Produkt entsprechend einer anerkannten Norm oder technischen Spezifikation produziert, kommt es in den Genuss der **Konformitätsvermutung** und gilt als sicher.

Hersteller, Bevollmächtigte und Importeure müssen die Verwender so informieren, dass sie die vom Produkt ausgehenden Gefahren erkennen und sich vor ihnen schützen können.

Auf jedem Produkt muss der Name des Herstellers stehen, kommt er nicht aus dem Europäischen Wirtschaftsraum, müssen zudem Vorkehrungen getroffen werden, um angemessen auf Gefahren reagieren zu können. Das reicht von **Verbraucherinformationen bis zum Rückruf.**

Geht von ihrem Produkt eine Gefahr für die Sicherheit und Gesundheit aus, müssen Hersteller, Bevollmächtigte oder Importeure unverzüglich die **Behörden unterrichten** und mit ihnen zusammenarbeiten.

Gleichzeitig entbindet die Einhaltung der normierten Pflichten jedoch nicht von der Haftung.

Im Gegenteil: Das GPSG erweitert die Haftung von Herstellern und Händlern, da das GPSG ein Schutzgesetz im Sinne des § 823 II BGB ist.[146] Bei Verstößen gegen ein Schutzgesetz kann dann ein Anspruch auf Schadenersatz bestehen.

Für Unternehmer gelten daher folgende Tipps:

Praxistipp

- **So sicher wie möglich produzieren:**

  Es klingt banal, kann aber nicht oft genug betont werden. Schließlich sind die Haftungsrisiken durch das neue GPSG noch größer geworden. Hersteller, Importeure oder Händler können auch unabhängig vom Verschulden für ein fehlerhaftes Produkt haftbar gemacht werden. Also lieber ein Produkt vor der Markteinführung mit einer anerkannten Gefahranalyse auf Herz und Nieren prüfen, als dies den Verbrauchern im Praxistest zu überlassen.

- **Sachverstand zukaufen:**

  Kleinen und mittelständischen Unternehmen fehlen oft Kapazitäten im Bereich Technik und Recht. Damit sie insbesondere bei Produkten für den internationalen Markt nicht böse überrascht werden, sollten sie schon in der Entwicklungsphase externen Rat einholen.

- **Verbraucher lieber unterschätzen:**

  Auch beim Thema Produktsicherheit die Nutzer- bzw. Verbraucherbrille aufsetzen. Der Anwender, der ein Produkt zum ersten Mal in der Hand hält, bringt im Extremfall überhaupt keine Erfahrung mit. Schließlich müssen die in Verkehrbringer eines Produktes auch mit „vorhersehbaren Fehlanwendungen" rechnen, was ein weites Feld darstellt. Das ist insbesondere bei so genannten Migrationsprodukten zu erwarten, also professionellen Arbeitsgeräten, die z.B. im Heimwerkerbereich genutzt werden.

- **Ganzheitliches Risikomanagement:**

  Das ganzheitliche Risikomanagement untersucht alle potenziellen Fehlerquellen, wozu z.B. auch die fremdproduzierten Teile eines Produktes gehören.

---

[146] Palandt / Thomas, Bürgerliches Gesetzbuch, 62. Auflage, C.H. Beck, München § 823 Rand-Nr.146

- **Innovationen berücksichtigen:**

Jede noch so kleine Veränderung eines Produktes sollte auch unter Sicherheitsaspekten eingehend geprüft werden. Anpassungen sind gegebenenfalls in verschiedenen Bereichen nötig, z.B. auch bei der Bedienungsanleitung.

- **Warnhinweis kein Freifahrtschein:**

Wer bei einem Produkt eine Schwachstelle vermutet, sollte es nicht beim Warnhinweis belassen. Vielmehr muss der Fehler unverzüglich behoben werden. Ein Warnhinweis kann nur darüber hinaus den Schutz vor unsachgemäßen Gebrauch stärken.

- **§ 4 Abs. 2 GPSG beachten:**

Wer die dort aufgezählten Pflichten (siehe oben) im Einzelfall befolgt, ist gut beraten. Welche Anforderungen aufgrund relevanter nationaler oder internationaler Normen, z.B. bei Produktgestaltung, Warnhinweisen, Verpackung, Produktkennzeichnung sowie Gebrauchs- und Bedienungsanleitungen zu erfüllen sind, wissen z.B. die Experten von TÜV-Product-Service[147]. Nachfragen ist daher unentbehrlich.

- **Auftraggeber nicht maßgeblich:**

Als Hersteller kann man sich nicht darauf berufen, ein Produkt auftragsgemäß gefertigt zu haben. Wenn es trotzdem fehlerhaft ist, haftet man im Schadensfall mit allen rechtlichen Konsequenzen.

- **Versicherungen abschließen:**

Nach dem unverbindlichen Produkt-Rückruf-Modell des Gesamtverbandes der Deutschen Versicherungswirtschaft ist vieles versicherbar, von den Kosten für die Informationspolitik bis zu den Kosten für die Vernichtung von Produkten. Grundsätzlich gilt: Das Rückrufkostenrisiko und damit die Prämien werden von den Versicherungen sehr individuell bewertet und festgelegt.

---

[147] Hinweise und Kontakt unter: www.tuev-sued.de.

> **Dokumentationen erstellen:**
>
> Der Hersteller muss jederzeit wissen, wohin er seine Produkte geliefert hat. Im Falle einer Rückrufaktion, die ohnehin erhebliche Kosten verursacht, kann so ein weitergehender Schaden durch einen schnellen und effizienten Rückruf vermieden werden.

13. Exkurs: Der Einfluss sonstiger Normen zur Produktsicherheit

Unverbindlichkeit technischer Regelwerke

Es existiert eine Vielzahl von **technischen Regelwerken** (beispielsweise DIN-, VDE-, ISO- und andere Normen), die im Gegensatz zu Rechtsnormen nicht zwingend zu beachten sind, deren Beachtung somit freiwillig ist.

Aber: Große Bedeutung, da Stand von Wissenschaft + Technik definiert wird

Dies hat aber **keinesfalls** die **Bedeutungslosigkeit** dieser Regelwerke zur Folge:

Denn in ihnen ist meist der Stand von Wissenschaft und Technik wiedergegeben, so dass sicherheitsrelevante Bereiche geregelt sind.

Praxistipp

- Da dieser **Stand** von einem Hersteller bei seinen Produkten **zu berücksichtigen** ist, führen Verletzungen dieser Regelwerke zu haftungsrelevanten Sicherheitsmängeln.

- Damit ist also auf die **Einhaltung** der einschlägigen Sicherheitsnormen größte Sorgfalt zu verwenden.

14. Die Haftung wegen Organisationsverschuldens

Unternehmen haben auch die Pflicht, eingesetzte Mitarbeiter zu überwachen und so zu kontrollieren, dass die Gefahr von Fehlverhalten minimiert wird; dazu kann es sich weiterer Mitarbeiter bedienen, wobei dann eine funktionierende Organisation aufgebaut werden muss (**Organisationspflicht**).

Organisationspflichten

Beispiel:[148] Das beklagte Unternehmen verlegt Gashausanschluss- und Versorgungsleitungen. Die eingesetzten Mitarbeiter unterließen es bei der Verlegung eines Hausanschlusses, die neue Anschlussleitung durch Anbringen eines T-Stückes abzudichten. Andere Maßnahmen zur Abdichtung der Leitung erfolgten nicht. Weder an der Versorgungsleitung noch an der Anschlussleitung wurden Druckproben durchgeführt. Nach Inbetriebnahme der Leitung wurde bei einer Explosion ein Mensch getötet und erheblicher Sachschaden verursacht.

Urteil: Die Beklagte wurde wegen Verletzung ihrer Organisationspflicht gemäß §§ 823 I, 31 BGB zum Schadensersatz verurteilt.

Gründe: Die Beklagte unterließ es, eine Organisation zu schaffen, die gewährleistete, dass Gasleitungen nicht ohne vorangegangene Druckprüfung begast werden.

Tipp:
Es müssen sämtliche Gefahren für Dritte ausgeschlossen oder minimiert werden; dazu ist es nötig:[149]

- sicherzustellen, dass Arbeiten sachgerecht überwacht und Sicherheitsmaßnahmen auch durchgeführt werden,

- sicherzustellen, dass die konkrete Durchführung von Sicherheitsmaßnahmen überprüft wird und

- die Vertretung zu regeln, soweit vom Unternehmensinhaber selbst die kontinuierliche Überwachung nicht möglich ist.

---

[148] LG Wuppertal, VersR 1983, 594.
[149] Johannes/*Krieshammer*, Was der Qualitätsmanager von Recht wissen muss, TÜV-Verlag 1997, S. 134.

15. Exkurs: Die Haftung für den Verrichtungsgehilfen

Übersicht über die Voraussetzungen eines Anspruchs wegen Haftung für einen Verrichtungsgehilfen

Voraussetzungen der Haftung für den Verrichtungsgehilfen

1. Rechtswidrige unerlaubte Handlung (= §§ 823 ff BGB) durch
2. Verrichtungsgehilfen
3. Keine Exkulpation bezüglich Auswahl und Überwachung des Verrichtungsgehilfen
4. Kausalität zwischen Auswahl- oder Überwachungsfehler und Schädigung

Verrichtungsgehilfe ist, wer von einem anderen, in dessen Einflussbereich er allgemein oder im konkreten Fall und zu dem er in einer gewissen Abhängigkeit steht, eine Aufgabe übertragen bekommt.[150]

Notwendig ist also ein Weisungsrecht des Geschäftsherrn, er muss die Handlungen des Verrichtungsgehilfen jederzeit beschränken oder untersagen können.

Beispiele

Beispiele:[151] Höhere Angestellte, auch Leiter eines gewerblichen Unternehmens; **jeder Arbeitnehmer** im Betrieb; angestellte Ärzte im Krankenhaus etc.

Gegenbeispiele: Vorstandsmitglieder, Geschäftsführer einer GmbH (da arbeitgeberähnliche Position); Auszubildender, solange er mit reine Lerntätigkeit (ohne eigenständige Arbeit) beschäftigt ist; selbstliquidierender Chefarzt einer Klinik; Belegärzte etc.

---

[150] BHG WM 1998, 257.
[151] Palandt / *Thomas*, Bürgerliches Gesetzbuch, 62. Auflage, C.H. Beck, München 2003, BGB, § 831 - 6 ff.

Der Schaden muss **in Ausführung der Verrichtung** zugefügt worden sein, also nicht nur bei Gelegenheit.[152] Dies ist in Produkthaftungsfällen in der Regel gegeben.

Schaden in Ausführung der Verrichtung

Auch muss der Schaden **widerrechtlich** zugefügt worden sein, das heißt, es muss der objektive Deliktstatbestand der §§ 823 ff BGB erfüllt sein (Schnittstelle zur Produzentenhaftung im engeren Sinne).

Rechtswidrigkeit der Schadenszufügung

Wichtigster Punkt für den Unternehmer ist jedoch die Möglichkeit des **Entlastungsbeweises** (so genannte Exkulpation). Damit kann der Geschäftsherr die Verschuldensvermutung widerlegen.

Entlastungsbeweis

Erforderlich ist aber, dass ihn kein Verschulden in folgenden Bereichen trifft:

Auswahl der Verrichtungsgehilfen

- o Die ausgewählten Mitarbeiter müssen persönlich und fachlich für die konkrete Tätigkeit geeignet sein.

- o Nicht notwendig ist im Übrigen, dass sich im Schadensfalle gerade derjenige Mangel auswirkt, den der Geschäftsherr bei der Auswahl hätte erkennen müssen.[153]

Überwachung der Verrichtungsgehilfen

- o Die sorgfältige Auswahl allein genügt nicht; erforderlich ist die fortgesetzte Prüfung, ob der Verrichtungsgehilfe weiterhin tauglich ist.

---

[152] BGH NJW-RR 1989, 723.
[153] BGH NJW 1978, 1681.

Dezentraler Entlastungsbeweis

In Großbetrieben ist der so genannte **dezentralisierte Entlastungsbeweis** zulässig: Da es in großen Unternehmen nötig ist, Auswahl und Überwachung zu delegieren, reicht es, wenn der Geschäftsherr darlegt, bei Auswahl und Überwachung desjenigen ordnungsgemäß gehandelt zu haben, auf den er die Aufgaben delegierte, und dass diese Person ihrerseits die Anforderungen an Auswahl und Überwachung einhielt.[154] Bestehen diesbezüglich Organisationsmängel, kann der Entlastungsbeweis misslingen; zudem kann eine Haftung aus § 823 I BGB bestehen.

Hier noch ein Beispiel aus der Rechtsprechung des OLG Köln dafür, was für die Exkulpation im Einzelfall verlangt wird:

Beispiel

Beispiel:[155]	Der Beklagte setzte zur Durchführung einer Dachrinneninstallation an einem Lager- und Silohaus einen Dachdeckergehilfen ohne Ausbildung sowie einen Auszubildenden, der den theoretischen Teil seiner Gesellenprüfung nicht bestanden hatte, ein. Aufgrund der Verletzung maßgeblicher Sicherheitsvorschriften bei diesen Arbeiten brannte das Gebäude zwölf Stunden nach Durchführung der Arbeiten ab.
Urteil:	Das OLG verurteilte den Beklagten zu Schadensersatz.
Gründe:	Der Beklagte verletzte seine Auswahl- und Überwachungspflichten:
	Die Mitarbeiter unterließen es pflichtwidrig, den Getreidestaub vom Dachboden und in der Nähe der Lötstellen zu entfernen.
	Der Entlastungsbeweis gelang dem Beklagten nicht: Er hätte bei der Auswahl der Mitarbeiter darauf achten müssen, dass zumindest einer der beiden die erforderliche Ausbildung hatte.
	Wenigstens hätte er die vorgenommenen Arbeiten überwachen müssen, wobei ein gelegentliches Vorbeischauen nicht ausreicht; eine konkrete Überprüfung der Einhaltung von Sicherheitsvorschriften ist unabdingbar.

---

[154] BGH DB 1973, 1645.
[155] OLG Köln VersR 1992, 115 ff.

Tipps:

- Auf die konkreten Fähigkeiten des eingesetzten Personals ist genauestens zu achten.

- Dies beginnt bereits mit der Auswahl im Sinne der Einstellung, führt über die Auswahl für die konkrete Tätigkeit hin zur Überwachung bei der Durchführung der Arbeiten.

- Mit steigender Gefährlichkeit der Arbeiten sind höhere Anforderungen an die Mitarbeiter und die Überwachung zu stellen.

- Je eigenverantwortlicher Mitarbeiter eingesetzt werden, umso höher müssen sie qualifiziert sein.

Praxistipp

Die Ersatzpflicht tritt im Übrigen mangels **Kausalität** auch dann nicht ein, wenn der Schaden auch bei Anwendung der erforderlichen Sorgfalt hinsichtlich Auswahl und Überwachung eingetreten wäre, § 831 I 2 BGB.

Keine Einstandspflicht ohne Ursächlichkeit

Hinweis:

Zur Haftung leitender Angestellter aus **§ 831 II BGB** vergleiche unten.

Praxistipp

16. Exkurs: Die Haftung wegen Verletzung eines Schutzgesetzes

Haftungsfälle tauchen auch stets bei Verletzung von Schutzgesetzen auf.

Haftung bei Verletzung von Schutzgesetzen § 823 II BGB

Als solche kommen zum einen drittschützende strafrechtliche Normen in Betracht.[156] Zum anderen sind aber auch technische Vorschriften nicht zu vergessen, die dem Schutz von Menschen (nicht nur als Rechtsreflex oder untergeordnete Nebenfolge) dienen; insbesondere die §§ 1 - 11 Gerätesicherheitsgesetz müssen daher eingehalten werden.[157]

Hinweis:

Praxistipp

- Häufig werden strafrechtliche Verfahren den zivilrechtlichen vorgeschoben.

- Hintergrund ist die oben angeführte Haftung aus § 823 II BGB: Hat der Geschädigte ein Strafurteil in der Hand, kann er den Schädiger ohne weiteres aus § 823 II BGB auch zivilrechtlich in die Haftung nehmen.

---

[156] Vgl. dazu Scherer/ Friedrich/ Schmieder/ Koller: Wer den Schaden hat... Unverzichtbares Praxiswissen zur Vermeidung der Produktfehlerhaftung, *Band 2*, rtw medien Verlag, Deggendorf 2004.

[157] Münchener Kommentar / *Mertens*, Band 5, 3. Auflage, C.H. Beck, München 1997, § 823 - Rn. 306.

Kapitel 4: Die Haftung nach dem ProdHaftG

Vertiefende Literaturhinweise

Deutsch/ Ahrens, Deliktsrecht, 4. Auflage, Heymanns, Köln 2002, § 18, Rn. 279 ff.; *Frye,* Produkthaftung, Weka- Verlag, Augsburg 2002; *Holliger- Hagmann,* Produktrisiken im Griff, 1. Auflage, Expert- Verlag, Renningen 2003; *Honsell,* Produkthaftungsgesetz und allgemeine Deliktshaftung, JuS 1995, 211 ff.; *König,* Produktsicherheitsgesetz und Produkthaftung, 1. Auflage, Heymanns, Köln 2003; *Kropholler,* Studienkommentar BGB, 6. Auflage, C.H. Beck, München 2003, § 823, Rn. 50 ff.; *Kullmann,* Aktuelle Rechtsfragen der Produkthaftpflicht, RWS- Verlag, Köln 2002; *Kullmann,* Die Rechtsprechung des Bundesgerichtshofs zum Produkthaftpflichtrecht in den Jahren 2000 und 2001, NJW 2002, 30 ff.; *Kullmann,* Die Rechtsprechung des Bundesgerichtshofs zum Produkthaftpflichtrecht in den Jahren 1998 bis 2000, NJW 2000, 1912 ff.; *Kullmann,* Produkthaftung- höchstrichterliche Rechtsprechung, 5. Auflage, RWS- Verlag, Köln 2002; *Kullmann,* Produkthaftungsgesetz, Kommentar, 3. Auflage, Erich Schmidt, Berlin 2001; *Kullmann/ Pfister,* Handbuch Produzentenhaftung, Erich Schmidt, Berlin 2003; *Kullmann*: Die Rechtsprechung des Bundesgerichtshofs zum Produkthaftpflichtrecht in den Jahren 2001 bis 2003, NJW 2003, 1980 ff.; *Riehm,* JuS Lern CD Zivilrecht I, Rn. 495; *Spindler,* Verschuldensunabhängige Produkthaftung im Internet, MMR 1998, 1219 ff.; *Staudinger,* Zur Novellierung des Produkthaftungsgesetzes, NJW 2001, 275 ff.; Staudinger/ *Teichmann,* BGB- Komm., C.H. Beck, München 1999 Anhang zu § 823.

Literatur

Einleitungsbeispiel:

Bei den Schadensfällen im eingangs genannten Toaster-Fall (Personenschäden, Inbrandsetzung von Mobiliar) sind sowohl Hoteliers als auch Privatleute unter den Geschädigten. Geschäftsführer Groß fragt sich nun, ob die Waldmann GmbH von diesen Personen auch noch Ansprüche nach dem ProdHaftG zu befürchten hat.

Beispiel

Übersicht:
Die Richtung der wichtigsten Ansprüche nach dem ProdHaftG

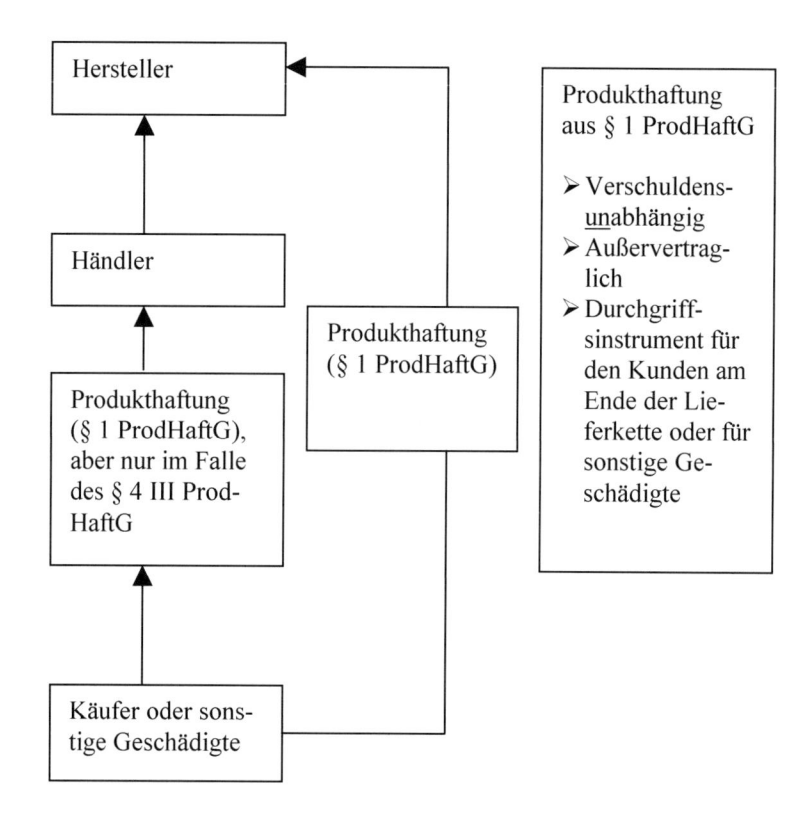

```
          Hersteller  ◄─────────┐
              ▲                  │
              │                  │
           Händler                │
              ▲                  │
              │                  │
   Produkthaftung      Produkthaftung
   (§ 1 ProdHaftG),    (§ 1 ProdHaftG)
   aber nur im Falle           │
   des § 4 III Prod-           │
   HaftG                       │
              ▲                 │
              │                 │
   Käufer oder sons- ───────────┘
   tige Geschädigte
```

Produkthaftung aus § 1 ProdHaftG

- Verschuldens-<u>un</u>abhängig
- Außervertraglich
- Durchgriffsinstrument für den Kunden am Ende der Lieferkette oder für sonstige Geschädigte

1. Einführung

Die Haftung nach dem **Produkthaftungsgesetz** (ProdHaftG) lässt sich – wie die deliktische Produzentenhaftung auch – als **außervertragliche Haftung** charakterisieren, weil für diese Ansprüche kein (Kauf-)vertrag als Anspruchsvoraussetzung notwendig ist. Der Geschädigte kann also direkt auf den Hersteller durchgreifen, auch wenn dieser nicht sein Vertragspartner ist. Im Gegensatz zur deliktischen Haftung ist die Haftung nach dem ProdHaftG aber **verschulden*un*abhängig**.

Außervertraglich

Durchgriffshaftung

Verschuldensunabhängigkeit

2. Der Produktbegriff

Nach § 2 ProdHaftG ist das jede bewegliche Sache, auch wenn sie Bestandteil einer anderen beweglichen oder unbeweglichen Sache ist, sowie Elektrizität.

Produktbegriff

> **Beispiele:**[158] *Naturerzeugnisse*; *Gas, Wasser* und *Dampf* als Energieträger sind bereits Sachen im Sinne des § 90 BGB, der Aggregatszustand spielt keine Rolle. *Menschliche Körperteile* (Haare, Blut, Organe) werden mit Trennung vom Körper zu Sachen und damit zu Produkten. Ein Fehler an ihnen kann aber erst nach Verarbeitung und Inverkehrbringen eine Haftung begründen. Bei *Fernwärme* ist zu differenzieren: Wasser als Energieträger ist ein Produkt, zugeführte Wärme ist bloße Energie (≠ Elektrizität), deshalb nicht als Produkt anzusehen. *Unbewegliche Sachen* an sich (Grundstücke) sind keine Produkte.
>
> **IT-Branche:** Bei verkörperten geistigen Leistungen ist die Verkörperung das Produkt, etwa Druckwerke oder Datenträger. Ob die eingeflossene geistige Leistung selbst Produkt sein kann, ist umstritten, wird von der herrschenden Meinung aber bejaht; das ProdHaftG findet zumindest analog Anwendung.

Beispiel

Dienstleistungen sind **nicht Produkte**, diese sollen durch eine Dienstleistungshaftungsrichtlinie der EU geregelt werden.

Dienstleistungen

---

[158] Palandt / *Thomas*, Bürgerliches Gesetzbuch, 62. Auflage, C.H. Beck, München 2003, ProdHaftG 2 – 1.

3. Der Fehlerbegriff

Produktfehler

Nach § 3 ProdHaftG ist ein Produkt **fehlerhaft**, wenn es nicht die Sicherheit bietet, die unter Berücksichtigung aller Umstände berechtigterweise erwartet werden kann. Abgestellt wird dabei insbesondere auf die Darbietung des Produkts, auf den Gebrauch, mit dem billigerweise gerechnet werden kann und auf den Zeitpunkt des Inverkehrbringens.

Entscheidender Begriff ist damit der der **Produktsicherheit**:

Praxistipp

- Der Fehler muss bereits zum Zeitpunkt des Inverkehrbringens vorhanden gewesen sein (§§ 1 II Nr. 2, 3 I lit. c ProdHaftG).

- Die Markteinführung eines besseren, ungefährlicheren Produkts zu einem späteren Zeitpunkt führt nicht dazu (§ 3 II ProdHaftG), dass das zuerst eingeführte Produkt fehlerhaft wird.

- Die Fehlerhaftigkeit ist nach den Maßstäben zum Zeitpunkt des Inverkehrbringens zu beurteilen, § 3 I lit. c ProdHaftG.

- Auch voraussehbarer Fehlgebrauch wird einkalkuliert, § 3 I lit. b ProdHaftG. Offensichtlicher Produktmissbrauch, der zu Sicherheitsmängeln führt, führt aber nicht zu einer Haftung.[159]

Darbietung

Darbietung nach § 3 ProdHaftG bedeutet *Gesamtpräsentation* des Produkts, inkl. Produktgestaltung und -beschreibung, Gebrauchs- oder Montageanweisung, Warnhinweise, Verpackung, Ausstattung, Verwendung bestimmter Güte- oder Qualitätszeichen sowie *sicherheitsrelevante Aussagen in der Werbung*.

Keine Produktbeobachtungspflicht!

Anders als bei der deliktischen Produkthaftung besteht **keine Produktbeobachtungspflicht**, wenn neue Erkenntnisse erst nach dem Inverkehrbringen bekannt werden. Neue Erkenntnisse müssen nur bei den neu produzierten Waren beachtet werden. Die Haftung nach § 823 I BGB besteht aber weiterhin neben der Haftung nach dem ProdHaftG.

---

[159] Münchener Kommentar / *Cahn*, Band 5, 3. Auflage, C.H. Beck, München 1997, ProdHaftG.

Beispiele:[160] Fehlerhafter Autoreifen, fehlerhafte Bremsen, Bazillen in Trinkmilch, zahnschmelzlösender Kindertee, ungenügende Gebrauchsanweisung, Salmonellen im Bienenstich, explodierende Mineralwasserflasche, HIV-verseuchte Blutkonserve, unterbliebener Hinweis auf Gefahren bei Holzschutzmittel

Beispiel

4. Rechtsgutsverletzung

Das ProdHaftG schützt beileibe nicht alle Rechtsgüter der Produktbenutzer.
Der Schutz ist vielmehr auf folgende Rechtsgüter beschränkt:

Geschützte Rechtsgüter

- **Leben, Körper, Gesundheit**

- Nach dem ProdHaftG besteht nunmehr (wie bei der deliktischen Produzentenhaftung) ein **Schmerzensgeldanspruch** über § 253 II BGB im Zuge der Schadensrechtsreform.

- Für den Schaden am fehlerhaften Produkt gibt es nie Ersatz. Für **andere Sachschäden** gibt es nur dann Ersatz, wenn diese andere Sache privat genutzt wurde und dafür auch bestimmt war.

Wichtig ist also, dass es nach dem ProdHaftG für Beschädigungen des Produkts an sich überhaupt keinen Schadensersatz gibt. Für Folgeschäden an anderen Sachen kann der Geschädigte Ersatz nur dann verlangen, wenn diese *andere* Sache für den *privaten* Ge- oder Verbrauch hergestellt und hierzu vom Geschädigten auch hauptsächlich verwendet wurde, § 1 I 2 ProdHaftG.

Kein Ersatz für Schäden am fehlerhaften Produkt selbst!

An anderen nur bei Privatgebrauch!

---

[160] Palandt / *Thomas*, Bürgerliches Gesetzbuch, 62. Auflage, C.H. Beck, München 2003, ProdHaftG 3 - 13 ff.

Beispiel

Für die Waldmann GmbH bedeutet dies:

- Sollte der Toaster von einem Hotelier eingesetzt werden und kommt es zur Zerstörung von Sachen in der Hotelküche, so gibt es dafür aufgrund des ProdHaftG keinen Ersatz, weil diese anderen Sachen nicht privat genutzt werden.

- Würde dagegen ein Hotelkoch durch Verbrennungen verletzt, hätte dieser Schadensersatz- und Schmerzensgeldansprüche.

- Ersatz gäbe es auch dann, wenn ein privater Verbraucher den Toaster benutzt und dabei andere Sachen durch einen Brand zerstört werden und der Verbraucher Verbrennungen erleidet.

- In keiner denkbaren Fallkonstellation gäbe es aber Schadensersatz für den verbrannten Toaster selbst.

5. Beweislastverteilung

Übersicht über die Beweislastverteilung nach ProdHaftG

Voraussetzung	Beweispflichtig	Anmerkungen
Schädigende Handlung = Vorliegen eines Produktfehlers	Geschädigter	Der Produktfehler muss vom Geschädigten dargelegt und im Bestreitensfall bewiesen werden.
Rechtsgutsverletzung	Geschädigter	Allgemeine deliktsrechtliche Beweislastgrundsätze: Eines der durch § 1 ProdHaftG geschützten Rechtsgüter muss verletzt worden sein: Leben, Körper, Gesundheit, Eigentum an privat genutzten anderen Sachen als das Produkt selbst.
(Haftungsbegründende) Kausalität zwischen schädigender Handlung und Rechtsgutsverletzung	Geschädigter	Die schädigende Handlung muss für die Verletzung eines geschützten Rechtsguts ursächlich gewesen sein.
Schaden	Geschädigter	Der Geschädigte muss seinen Schaden konkret dartun (substantiierter Vortrag).
(Haftungsausfüllende) Kausalität zwischen Rechtsgutsverletzung und Schaden	Geschädigter	Die Rechtsgutsverletzung muss sich auch in einem konkreten Schaden niederschlagen und dafür ursächlich sein.
Umstände für Haftungsausschlüsse und -begrenzungen	Hersteller	Diese Umstände sind für den Hersteller günstig, so dass er sie zu beweisen hat.

Beweislast des Geschädigten

Nach § 1 IV ProdHaftG hat der **Geschädigte** Produktfehler, Schaden und Kausalzusammenhang zwischen Fehler und Schaden zu beweisen, ebenso Rechtsgutsverletzung und haftungsausfüllende Kausalität.

Beweislast des Herstellers

Der **Hersteller** muss dagegen die in § 1 IV ProdHaftG aufgeführten Haftungsbegrenzungen und Haftungsausschlusstatbestände nachweisen.

Speziell: Im Konstruktionsbereich

Der Geschädigte muss bei **Fehlern im Konstruktionsbereich** nachweisen, dass die gewählte Konstruktion vermeidbar gefährlich war, beziehungsweise auf konstruktiv unvermeidbare Gefahren nicht ausreichend hingewiesen wurde.

Er muss also eine Konstruktionsart darlegen, die für den Verbraucher weniger gefährlich gewesen wäre, und er muss darlegen, dass letztere Konstruktion gegenüber dem schadensstiftenden Produkt vorteilhaft gewesen wäre.[161]

Tipp:

Praxistipp

> - Der Hersteller kann bei Durchführung von Wareneingangs- und Warenendkontrollen sowie bei Einhaltung der Befundsicherungspflicht den Nachweis führen, dass das Produkt zum Zeitpunkt des Inverkehrbringens fehlerfrei war, da für diesen Beweis ein hohes Maß an Wahrscheinlichkeit ausreicht.

Speziell: Im Instruktionsbereich

Bei **Instruktionsfehlern** muss der Geschädigte nachweisen, dass der Hersteller die schadensstiftende Produktgefahr hätte erkennen und darauf hinweisen können.

---

[161] Münchener Kommentar / *Cahn*, Band 5, 3. Auflage 1997, C.H. Beck, München ProdHaftG 1 - Rn. 67.

6. Haftungsausschlüsse

Sie sind in § 1 II und III ProdHaftG geregelt.

§ 1 II ProdHaftG:

> - Nr. 1: Falls fehlerhaftes Produkt nicht in Verkehr gebracht wurde. (z.B. Diebstahl oder Unterschlagung, Industrieabfälle, die entsorgt und nicht in den Verkehr gelangen sollten)
>
> - Nr. 2: Fehler muss bereits zum Zeitpunkt der Inverkehrgabe vorgelegen haben
>
> - Nr. 3: Umfasst sind nur Produkte, die zu kommerziellen Zwecken hergestellt oder deren Herstellung gewerblichen Zwecken diente
>
> - Nr. 4: Keine Haftung, falls Produkt zwingenden Rechtsvorschriften, d.h. hoheitlich verbindlichen Sicherheitsnormen entsprach
>
> - Nr. 5: Keine Haftung, falls Fehler nach Stand von Wissenschaft und Technik zum Zeitpunkt des Inverkehrbringens nicht erkannt werden konnte. Produzent haftet also nicht für Entwicklungsrisiken.

Haftungsausschlüsse

Ein Beispiel für diese Anforderungen ist die Mineralwasserflaschen-Entscheidung.

> **Urteil:**[162] Zwar erwartet der Verbraucher, dass eine Sprudelwasserflasche keine Beschädigungen hat, die zu einer Explosion der Flasche führen. Gleichwohl **haftet** der Abfüller von Mineralwasser **nicht, wenn** eine Glasflasche aufgrund von feinen **Haarrissen**, die **auch durch elektronische Prüfgeräte nicht zu entdecken** sind, beim Verbraucher explodiert. Im entschiedenen Fall hatten sich Kinder am Auge verletzt, als sie aus dem Keller eine Mineralwasser-Glasflasche holten, die beim Hochnehmen explodierte.

Beispiel

---

[162] Vgl. *Hoppmann* VuR 5/1995, 308.

Gründe: Das Gericht führte aus, mit einem elektronischen Flascheninspektor könne man Haarrisse nicht aufspüren, sondern nur Schäden am oberen Rand und Flaschenboden; ein Restrisiko sei also bei der Verwendung von Glasflaschen nicht vermeidbar. Eine Haftung nach dem ProdHaftG entfalle gem. § 1 I 1, wenn Fehler nach dem Wissensstand der Technik zum Zeitpunkt des Inverkehrbringens des Produktes nicht erkannt werden können; jedoch muss sich der Hersteller zuverlässig vergewissern, dass das Erzeugnis keine Mängel (wie Explosionsgefahr) hat, wenn ein Produkt besondere Risiken für den Verbraucher hat.

Hinweis: Der Unterschied zur ähnlich gelagerten Flaschen-Entscheidung im Rahmen der deliktischen Produzentenhaftung ist der, dass es dort um die Frage der Beweislastverteilung ging. Hier ging es dagegen darum, ob die Haftung generell ausgeschlossen war. Außerdem waren die Risse im Fall hier technisch nicht erkennbar, im oben zitierten Fall dagegen schon.

Teilehersteller

§ 1 III ProdHaftG sieht einen Haftungsausschluss für den Teilehersteller vor.

Schaden am fehlerhaften Produkt selbst

§ 1 I 2 ProdHaftG schließt den Ersatz von Sachschäden am fehlerhaften Produkt selbst aus. Außerdem muss die beschädigte Sache hauptsächlich für den persönlichen Ge- und Verbrauch bestimmt gewesen sein und auch hauptsächlich dazu verwendet worden sein.

Geltung erst bei Inverkehrbringen ab 1990

Einen zeitlichen Haftungsausschluss führt § 16 ProdHaftG ein: Es wird nur für Produkte gehaftet, die nach dem 01.01.1990 in Verkehr gebracht wurden.

Maximalhaftung: 10 Jahre nach Inverkehrbringen

Ebenso erlöschen **nach § 13 I 1 ProdHaftG** die Ansprüche 10 Jahre nach dem Inverkehrbringen des Produkts (Ausnahme: Vorherige Rechtshängigkeit des Schadensersatzanspruches, § 13 I 2 ProdHaftG).

7. Haftungsumfang und -begrenzungen

§ 6 I ProdHaftG in Verbindung mit § 254 BGB lassen ein Mitverschulden des Geschädigten Einfluss nehmen.

Mitverschulden

Bei Sachbeschädigung gilt gemäß § 11 ProdHaftG eine Haftungsbegrenzung durch Selbstbeteiligung in Höhe von 500 Euro.

Selbstbeteiligung: 500 EUR

Bei Personenschäden greift durch § 10 I ProdHaftG ein Haftungshöchstbetrag von 85 Mio. Euro, welcher auch bei Personenschäden gilt, die durch verschiedene Produkte mit demselben Produktfehler verursacht wurden (Serienfehler).

Haftungshöchstgrenze: 85. Mio. EUR

Im Übrigen ist die Produkthaftung nach dem ProdHaftG ist **nicht abdingbar** (§ 14 ProdHaftG) – weder durch AGB noch durch Individualvereinbarung.[163]

Keine Abdingbarkeit!

Eine Schmerzensgeldvorschrift enthält das ProdHaftG nicht; nach der Schadensrechtsreform gewährt allerdings § 253 II BGB für die Gefährdungshaftung aus dem ProdHaftG Schmerzensgeld bei einer Verletzung von Körper oder Gesundheit.

Schmerzensgeld

Personenschäden	Sachschäden
Haftungshöchstbetrag: 85 Mio. Euro (Bei Serienschäden für alle Schadensfälle zusammen!)	Kein Haftungshöchstbetrag
Keine Selbstbeteiligung	Selbstbeteiligung in Höhe von 500 EUR Nur, wenn: • Schaden über das fehlerhafte Produkt hinausgeht, • beschädigte Sache für den privaten Ge- oder Verbrauch bestimmt und auch hauptsächlich benutzt wird.
Schmerzensgeld über § 253 II BGB	Kein Schmerzensgeld

---

[163] Bei Haftungsausschlüssen muss ausdrücklich aufgenommen werden, dass Ansprüche nach dem ProdHaftG nicht ausgeschlossen werden sollen, da ansonsten die verbraucherunfreundliche Auslegung der AGB die gesamte Haftungsbegrenzungs-Klausel zu Fall bringen würde.

Kapitel 5: Risikoverringerung durch Haftungsbeschränkungen

Vertiefende Literatur:

Literatur

Koch, Ratgeber zur Produkthaftung, 2. Auflage, WRS- Verlag, Planegg/München 1990, Rn. 414 f., *Kullmann,* Produkthaftungsgesetz, 3. Auflage, Erich Schmidt Verlag, Berlin, 2001 S. 102; MüKo/ *Mertens*, Band 5, 3. Auflage, 1997, § 823, Rn. 302;Palandt/ *Thomas*, 62. Auflage, C.H. Beck, München 2003, § 823, Rn. 218; *Räcke,* Haftungsbeschränkungen zugunsten und zu Lasten Dritter, Verlag Versicherungswirtschaft e.V., 1995; *Schmidt- Salzer*, Produkthaftung, Band II: Freizeichnungsklauseln, 2. Auflage, Verlag Recht u. Wirtschaft, Heidelberg, 1985; *Von Westphalen*, Produkthaftung- Haftungsfreizeichnung und Haftungsfreistellung nach dem AGBG, NJW 1979, 838 ff.

> Nachdem Geschäftsführer Groß nunmehr genau weiß, welche Haftungsrisiken der Waldmann GmbH drohen, fragt er sich, ob es nicht doch Möglichkeiten gibt, diese strenge Einstandshaftung zu beschränken oder auszuschließen.

Differenzierung bei Haftungsbeschränkungen

Das deutsche Recht gesteht dem Unternehmer durchaus zu, seine Haftung auszuschließen oder zumindest zu beschränken. Bei Haftungsbeschränkungen wird unterschieden zwischen solchen, die bereits das Gesetz vorschreibt und solchen, welche von den Parteien individuell oder durch AGB vereinbart werden können.

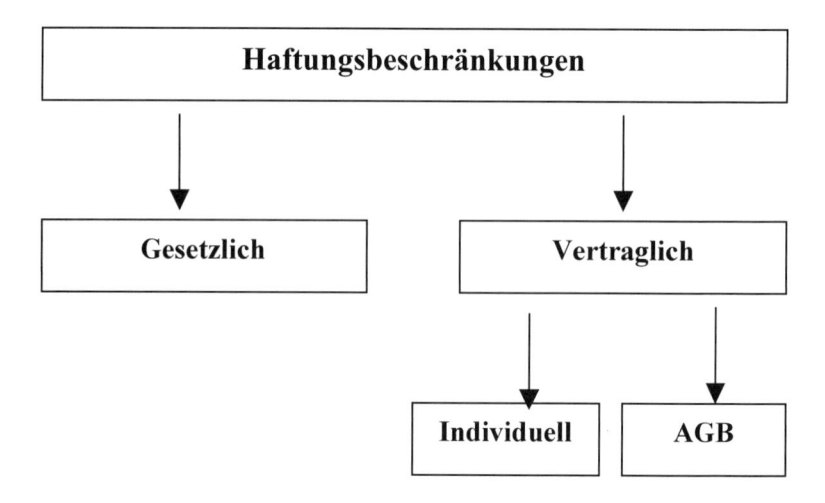

```
            Haftungsbeschränkungen
             /                \
       Gesetzlich         Vertraglich
                          /         \
                   Individuell      AGB
```

1. Gesetzliche Haftungsbeschränkungen

1.1 Gesetzliche Haftungsbeschränkungen im Bereich der kaufvertraglichen Sachmängelhaftung

Das Gesetz selbst sieht in bestimmten Fällen einen Haftungsausschluss vor:

1.1.1 Kenntnis des Käufers

> Am Ende einer Ausstellung kauft Stefan Schlau von der Waldmann GmbH eine der bereits bekannten Spülmaschinen. Der Vertreter der Waldmann GmbH, Benno Beredt, wies Schlau vor dem Kauf darauf hin, dass die „Soft-Spülfunktion" der Maschine defekt sei; dafür gebe es die Maschine aber auch zum halben Preis. Schlau willigt ein, kommt aber dennoch drei Wochen nach dem Kauf auf die Waldmann GmbH zu und verlangt Nachbesserung.

Beispiel

Sofern der Käufer bei Vertragsschluss **positive Kenntnis** vom Mangel hat, kann er keine Sachmängelrechte geltend machen, § 442 I 1 BGB.

Kenntnis des Käufers vom Mangel

> Stefan Schlau geht also leer aus. Die Waldmann GmbH muss sich keine Sorgen machen und nicht nachbessern.

Tipp:

- Durch Angabe der bekannten Fehler sollte bereits im Vertrag eine negative Beschaffenheitsvereinbarung getroffen werden.
- Dies hat auch den Vorteil der besseren Beweisbarkeit.
- Auf diese Art und Weise kann man die Haftung effektiv beschränken.

Praxistipp

Auch bei **grob fahrlässiger Unkenntnis des Käufers** vom Mangel verliert er seine Sachmängelrechte, **außer** der Verkäufer hat den Mangel **arglistig verschwiegen** oder eine Garantie für die Beschaffenheit der Sache übernommen (§ 442 I 2 BGB).

Grob fahrlässige Unkenntnis des Käufers

Beispiel

Anders wäre es im Beispielsfall also, wenn der Vertreter den Mangel offen legte, Schlau dies aber überhörte, weil er in dem Moment lieber seiner Mailbox lauschte. Unterstellt man dem Schlau hier grobe Fahrlässigkeit, so würde die Waldmann GmbH nur noch dann haften, wenn eine generelle Beschaffenheitsgarantie für die Spülmaschine abgegeben worden wäre.

1.1.2 Verletzung der kaufmännischen Untersuchungs- und Rügeobliegenheit gemäß § 377 HGB

Beispiel

Die Waldmann GmbH beliefert auch Großhändler Gustafson mit 20 Gastronomiespülern. Acht dieser Spülmaschinen weisen auf der Vorderseite dicke Schrammen auf. Sechs Wochen nach der Lieferung geht bei der Waldmann GmbH ein Schreiben von Gustafson ein, in dem er die Lieferung von acht neuen Maschinen und Rückholung der verschrammten Exemplare verlangt. Geschäftsführer Groß fragt sich, ob die Waldmann GmbH nach so langer Zeit wirklich noch einstehen muss.

Voraussetzung: Beiderseitiger Handelskauf

Bei Vorliegen eines **beiderseitigen Handelskaufes** (auf beiden Seiten des Kaufvertrages[164] stehen Kaufleute[165]) hat der Käufer die Ware **unverzüglich** nach Erhalt zu **untersuchen** und die Mängel[166] **unverzüglich** zu **rügen**.

Rüge bei versteckten Mängeln

Erkennbare Mängel müssen unverzüglich gerügt werden, versteckte Mängel unverzüglich nach deren Entdeckung. Ein **offener Mangel** liegt dabei vor, wenn der Käufer bei Empfang der Ware ohne Aufwand und besondere Schwierigkeiten eine Beeinträchtigung der gelieferten Ware, z. B. durch äußere Beschädigung der Verpackung erkennen kann. Ein **versteckter Mangel** liegt dagegen vor, wenn der Käufer bei Empfangnahme der Ware nicht unmittelbar und trotz sorgfältiger Untersuchung eine Beeinträchtigung erkennen kann. Die Beeinträchtigung wird erst nach dem Öffnen der Verpackung und / oder der Benutzung oder Inbetriebnahme der Ware ersichtlich. Beim zweiseitigen Handelskauf hat der Käufer den Mangel zwar nicht bei Empfangnahme, wohl aber unverzüglich nach Entdeckung zu reklamieren.

---

[164] Über § 381 II HGB gilt § 377 HGB auch bei Werklieferungsverträgen, welche seit der Schuldrechtsreform ohnehin nach Kaufrecht zu behandeln sind, sofern es um bewegliche Sachen geht.
[165] Zum Begriff der Kaufleute: Vgl. Kapitel 1 Ziffer 4.7.
[166] Über § 434 III BGB gilt dies nunmehr auch bei Zuweniglieferung bzw. bei Lieferung einer anderen Sache (aliud).

> **Beispiele:** Bei Äpfeln sind äußerliche Schimmelstellen offensichtliche Mängel, ein verfaulter Kern dagegen ein versteckter Mangel. Ein Kratzer an einer Maschine kann erkennbar sein, wenn er sich an einer Stelle befindet, die leicht einzusehen ist. Motorschäden, die sich erst nach längerem Lauf der Maschine zeigen, sind aber versteckte Mängel.

Der juristische Gummibegriff „unverzüglich" wird von jedem Gericht im konkreten Einzelfall ausgelegt. Im Interesse der Beschleunigung des Handelsverkehrs gilt dabei eine strenge Auslegung, schon geringe und vermeidbare Nachlässigkeiten machen die Rüge verspätet.[167]

> **Beispiele:**[168] Von einem Großbetrieb ist in der Regel mehr zu verlangen als von einem kleineren Unternehmen. Wichtig ist die Art der Ware: Maschinen bedürfen einer längeren Untersuchungszeit als Orangen. Neben der Untersuchung muss auch die Rüge selbst rechtzeitig erfolgen; kommt die Rüge erst zwei Wochen nach Entdeckung, ist sie verspätet; sie kann aber auch schon nach zwei Tagen verspätet sein, etwa wenn es um schnell verderbliche Waren geht.

Kommt der Käufer dieser Obliegenheit nicht oder nicht rechtzeitig nach, verliert er sämtliche Sachmängelrechte; § 377 HGB ist also eine **Ausschluss-Norm**.

> Im Beispielsfall unterließ es Gustafson, die Spülmaschine unverzüglich zu untersuchen, sonst wäre ihm der Fehler aufgefallen. Dementsprechend rügte er den Mangel auch nicht rechtzeitig, so dass er sämtliche Rechte wegen der Mangelhaftigkeit einbüßte.

Achtung:

> - Seit der Schuldrechtsreform erstreckt sich die Rügepflicht auf alle Arten von Sachmängeln, insbesondere also auch auf Zuwenniglieferungen, Falschlieferungen, Abweichungen von Werbeaussagen, fehlerhafte Montage und Montageanleitung!
> - Weisen Sie Ihre Mitarbeiter in der Wareneingangskontrolle beziehungsweise in der Qualitätssicherung darauf hin!

---

[167] RG Z 106, 360.
[168] Baumbach/Hopt, Handelsgesetzbuch, 30. Auflage, C.H. Beck, München 2000, § 377 – Rn. 23.

Rüge im Streckengeschäft

Ebenso strittig ist, ob § 377 HGB auch bei einem **Streckengeschäft** anwendbar ist, also wenn auf Veranlassung des Käufers die Ware nicht an den Käufer, sondern direkt an dessen Kunden weitergeliefert wird.

Beispiel

> Die Waldmann GmbH bezieht bei einem Lieferanten automatische Handtrockner und verkauft diese an Hoteliers weiter. Um sich einen Zwischenschritt zu sparen, vereinbart die Waldmann GmbH mit dem Lieferanten, dass dieser die Trockner gleich an die Hoteliers liefert.

Nach herrschender Meinung kann der Käufer die Untersuchung seinem Abnehmer überlassen; ausreichend ist dann die rechtzeitige Mangelanzeige des Zweitabnehmers an den Käufer und die unverzügliche Weiterleitung dieser Anzeige durch den Käufer an den Verkäufer. Der Zweitabnehmer kann auch direkt gegenüber dem Verkäufer rügen.[169]

Abbedingung der Rügepflicht

Eine Abbedingung der Rügeobliegenheit ist individualvertraglich möglich. Strittig ist aber, **ob diese Rügeobliegenheit** des Käufers **in Allgemeinen Geschäftsbedingungen ausgeschlossen** werden kann.

Beispiel

> Die Waldmann GmbH kauft bestimmte Zulieferteile bei der Luftig GmbH ein. Geschäftsführer Groß überlegt sich, dass es praktisch wäre, wenn man sich durch geschickte Vertragsgestaltung von der Untersuchungs- und Rügepflicht befreien könnte, um so Mängelrechte auch noch nach längerer Zeit durchsetzen zu können.

---

[169] Zum Ganzen: Baumbach/Hopt, Handelsgesetzbuch, 30. Auflage, C.H. Beck, München 2000, § 377 - Rn. 26.

Der BGH hat entschieden, dass in Allgemeinen Geschäftsbedingungen das Abbedingen dieser Obliegenheiten dann unzulässig ist, wenn auch offenkundige Mängel erfasst werden sollen.[170] Für alle anderen Mängel ist nach Teilen der Literatur[171] ein Abbedingen zulässig; dann müssen aber zumindest folgende Voraussetzungen erfüllt sein:

> - Mit dem Lieferanten muss eine wirksame Qualitätssicherungsvereinbarung[172] abgeschlossen werden.
> - Der Lieferant verpflichtet sich zur Warenendkontrolle.
> - Der Besteller verpflichtet sich zur Eingangskontrolle anhand des Lieferscheins und auf Transportschäden.

Praxistipp

Übersicht über die Anforderungen an eine Rüge im Sinne des § 377 HGB:[173]

> - Sie ist formfrei, sollte aber aus Beweisgründen dennoch schriftlich abgefasst werden.[174]
> - Zur Erhaltung der Rechte reicht die rechtzeitige Absendung, § 377 IV HGB.
> - Die mangelhafte Lieferung sollte bezeichnet werden (Datum, Lieferscheinnummer etc.).
> - Art und Umfang der Mängel müssen möglichst genau wiedergegeben werden, eine fachlich exakte Bezeichnung ist aber nicht nötig.

Anforderungen an eine Rüge

---

[170] BGH NJW 1991, 2633.
[171] Baumbach/Hopt, Handelsgesetzbuch, 30. Auflage, C.H. Beck, München 2000, § 377 – Rn. 6 m.w.N..
[172] Vgl. dazu Scherer/ Friedrich/ Schmieder/ Koller: Wer den Schaden hat... Unverzichtbares Praxiswissen zur Vermeidung der Produktfehlerhaftung, Band 2, rtw medien Verlag, Deggendorf 2004.
[173] Baumbach/Hopt, Handelsgesetzbuch, 30. Auflage, C.H. Beck, München 2000, § 377 HGB – Rn. 28 ff.
[174] Vgl. allgemein zur Beweislast Kapitel 1, Ziffer 4.9.

1.2 Gesetzliche Haftungsbeschränkungen im Bereich der deliktischen Produzentenhaftung nach § 823 I BGB

Keine gesetzlichen Beschränkungen

Gesetzliche Haftungsbeschränkungen gibt es hier nicht.

Insbesondere gilt § 377 HGB nicht für Ansprüche aus § 823 I BGB.[175]

1.3 Gesetzliche Haftungsbeschränkungen im Bereich des ProdHaftG

Gesetzliche Haftungsbeschränkungen

Im Bereich des ProdHaftG wurden die gesetzlichen Haftungsbeschränkungen bereits oben[176] dargestellt.

Haftungsausschlüsse:	Haftungsbegrenzungen:
§ 1 I 2 ProdHaftG	§ 6 I ProdHaftG i.V.m. § 254 BGB
§ 1 II und III ProdHaftG	§ 10 I ProdHaftG
§§ 13 I 1 und 16 ProdHaftG	§ 11 ProdHaftG

---

[175] BGH Z 101, 337.
[176] vgl. Kapitel 4 Ziffer 6.

2. Individualvertragliche Haftungsbeschränkungen

Durch individuelle Vereinbarung mit dem Vertragspartner („Aushandeln")[177] kann die Haftung aufgrund der Vertragsfreiheit grundsätzlich beliebig ausgeschlossen werden.

Grundsätzlich möglich

Dennoch gibt es auch hier einige Grenzen:

Beachtung von Grenzen

Grenzen individueller Haftungsbeschränkung

Gesetzesverstoß, § 134 BGB	Sittenwidrigkeit, § 138 BGB
Treu und Glauben, § 242 BGB	Keine Verjährungsverkürzung bei Vorsatz, § 202 BGB
Keine Haftungsbeschränkung bei Vorsatz, § 276 III BGB	Kein Ausschluss von Ansprüchen nach dem ProdHaftG
Zusicherungen	Garantien

Die wichtigste Grenze stellen die §§ 202 und 276 III BGB dar: Bei vorsätzlichen Pflichtverletzungen ist sowohl eine Verjährungsverkürzung im Vorhinein als auch eine sonstige Haftungsbeschränkung auch durch Individualvertrag nicht zulässig.

Keine Haftungsbegrenzung bei Vorsatz

Bei Abgabe von Zusicherungen und Garantien darf die Haftung diesbezüglich auch nicht beschränkt werden, § 444 BGB. Gleiches gilt dann, wenn der Mangel arglistig verschwiegen wurde.

Keine Begrenzung bei Garantien und Arglist

Ansprüche nach dem ProdHaftG dürfen nach dessen § 14 nicht ausgeschlossen werden.

Keine Haftungsbegrenzung bei Ansprüchen aus dem ProdHaftG

---

[177] Palandt / *Heinrichs*, Bürgerliches Gesetzbuch, 62. Auflage, C.H. Beck, München 2003, § 305 – Rn. 18 ff.

3. Vertragliche Haftungsbeschränkungen durch Allgemeine Geschäftsbedingungen (AGB)

Grundzüge des AGB-Rechts

Bevor auf die konkreten Haftungsbeschränkungsmöglichkeiten eingegangen wird, werden **vorab die Grundzüge des Rechts der Allgemeinen Geschäftsbedingungen** dargestellt.

> Geschäftsführer Groß verhandelt mit einem bundesweiten Einkaufsverband über den Verkauf von automatischen Haartrocknern. Der Einkaufsverband legt ihm dazu einen Rahmenvertrag vor, den Groß unterschreiben könne oder es lassen solle. Nun überlegt Groß, ob es sich dabei um Geschäftsbedingungen handele, obwohl der Rahmenvertrag nicht „das übliche Kleingedruckte" ist.

3.1 Begriff der Allgemeinen Geschäftsbedingungen

Das Gesetz drückt sich in § 305 I 1 BGB wie folgt aus:

Begriff der Allgemeinen Geschäftsbedingungen

> „*Allgemeine Geschäftsbedingungen sind alle für eine Vielzahl von Verträgen vorformulierten Vertragsbedingungen, die eine Vertragspartei (Verwender) der anderen Vertragspartei bei Abschluss des Vertrags stellt.*"

Voraussetzungen von „AGB"

Erste Voraussetzung ist damit, dass der Verwender der Bedingungen diese für mehr als ein Geschäft (untere Grenze etwa 3 – 5 Verwendungen) einsetzen will und sie deshalb vorformuliert. Gegenüber einem Verbraucher kann sogar die einmalige Verwendung ausreichen, § 310 III Nr. 2 BGB.

Beispiel

Beispiele:[178] Eine schriftliche Aufzeichnung der Klauseln ist der Regelfall, aber nicht nötig; ausreichend kann es schon sein, dass der Verwender die Klauseln „im Kopf speichert" und dann jedes Mal niederschreibt. Auch Lückentexte sind AGB, wenngleich etwa Vertragslaufzeiten etc. handschriftlich eingesetzt werden sollen.

---

[178] Palandt / *Heinrichs*, Bürgerliches Gesetzbuch, 62. Auflage, C.H. Beck, München 2003, § 305 – Rn. 8.

Eine Individualvereinbarung liegt dagegen vor, wenn die Klauseln im Einzelnen ausgehandelt werden.

Begriff der Individualvereinbarung

Beispiele:[179] Die bloße Belehrung über den Inhalt der Bedingungen reicht nicht aus, um von einer Individualvereinbarung sprechen zu können. Es muss tatsächlich zu einem echten Aushandeln kommen; dies ist mehr bloßes Verhandeln, der Verwender muss verhandlungsbereit sein, also den Inhalt der Klauseln ernsthaft zur Disposition stellen. Werden nur einzelne Klauseln ausgehandelt, bleibt der Rest des Vertrags AGB. Die Verwendung von Standardformularverträgen (= vorgedruckte Vertragsmuster) trägt die Vermutung in sich, dass es sich um AGB handelt. Auch dass der Vertragspartner den Vertrag ausdrücklich unterschreibt, führt nicht per se zur Annahme einer Individualvereinbarung. Ebenso wenig führt folgende Klausel zu einer Individualvereinbarung: „Der Vertragsinhalt wurde im Einzelnen zwischen den Parteien ausgehandelt und stellt keine Allgemeinen Geschäftsbedingungen dar."; dies wäre eine Umgehung der Schutzvorschriften des BGB.

Beispiele

Damit ist also nicht nur das „Kleingedruckte" Allgemeine Geschäftsbedingungen.

Im Einleitungsbeispiel handelt es sich beim Rahmenvertrag des Einkaufsverbandes also um Allgemeine Geschäftsbedingungen und nicht um einen Individualvertrag, weil die Waldmann GmbH den Vertrag so unterzeichnen könne oder es lassen solle. Es fehlt an der Verhandlungsbereitschaft.

Wären dagegen die einzelnen Klauseln tatsächlich zwischen der Waldmann GmbH und dem Einkaufsverband ausgehandelt worden, läge ein Individualvertrag vor.

Wäre der Einkaufsverband nur bereit, einzelne Klauseln auszuhandeln, besteht er bei anderen Klauseln aber beharrlich auf deren Unveränderlichkeit, so liegen teilweise AGB, teilweise Individualvereinbarungen in einem einzigen Vertrag vor.

Beispiel

---

[179] Palandt / *Heinrichs*, Bürgerliches Gesetzbuch, 62. Auflage, C.H. Beck, München 2003, § 305 – Rn. 18 ff

3.2 Einbeziehung in den Vertrag

Kongruenzprinzip

Nach dem **Kongruenzprinzip** müssen die verwendeten AGB zu dem zugrunde liegenden Vertrag passen.

> **Beispiel:** Für Wartungsarbeiten passt die Verwendung von Verkaufsbedingungen nicht.

Einbeziehungshinweis

Weiter muss ein ausdrücklicher oder stillschweigender **Einbeziehungshinweis** erfolgen.[180]

Bei ersterem handelt es sich um einen klaren Hinweis auf die Anwendungsabsicht bezüglich der eigenen AGB.

> **Beispiel:** Auf allen relevanten Geschäftspapieren (Angebotsschreiben, Bestellungen, Auftragsbestätigungen etc.) sollte auf der Vorderseite und deutlich lesbar der Hinweis stehen: „Wir schließen den Vertrag nur auf Grund unserer Allgemeinen Geschäftsbedingungen."

Stillschweigende Einbeziehung

Stillschweigend wird einbezogen, wenn sich ausreichende Anhaltspunkte für einen Einbeziehungswillen finden lassen; darauf sollte man sich aber keineswegs verlassen.

> **Beispiel:** So genügt das bloße Abdrucken der AGB auf der Rückseite von Geschäftsunterlagen nach der Rechtsprechung des OLG Hamburg[181] nicht für eine wirksame Einbeziehung!

---

[180] § 305 II Nr. 1 BGB.
[181] OLG Hamburg, ZIP 1984, 1241.

Weiter muss genauestens beachtet werden, dass die AGB stets **vor oder bei Vertragsschluss einbezogen** werden, nicht erst danach.[182]

Einbeziehung vor oder bei Vertragsschluss!

> **Beispiel 1:**[183] Der Abdruck eines Haftungsausschlusses auf der Eintrittskarte zu einem Fußballspiel kommt zu spät, weil die Karte erst nach Vertragsschluss mit der Bezahlung ausgehändigt wird. Nötig wäre ein deutlich sichtbarer Aushang am Kassenhäuschen.

Beispiele

> **Beispiel 2:** Ebenso untauglich ist der ausschließliche Abdruck der AGB auf Lieferscheinen oder Rechnungen – auch diesen folgen dem Vertragsschluss *nach* und kommen daher grundsätzlich zu spät.

Schließlich muss noch die **zumutbare Möglichkeit der Kenntnisnahme** bestehen:

Zumutbare Möglichkeit der Kenntnisnahme

Gegenüber Verbrauchern als Vertragspartner müssen die Geschäftsbedingungen in der Regel stets übergeben beziehungsweise mit versandt werden.

> **Ausnahme:** Ein deutlich lesbarer Aushang am Ort des Vertragsschlusses ist dann ausreichend, wenn Einbeziehungshinweis und Aushändigung unverhältnismäßig sein würden, § 305 II Nr. 1 BGB.

> **Beispiele:**[184] AGB zur Parkhausbenutzung, Warenautomaten, Kino, Selbstbedienungsläden etc. Hier reicht der Aushang am Ort des Vertragsschlusses.

Beispiel

Im **Geschäftsverkehr mit anderen Unternehmern** dagegen müssen die eigenen AGB zunächst nie mit versandt werden. Es **reicht der bloße Einbeziehungshinweis.** Hier hat der Geschäftspartner die Obliegenheit, die AGB beim Verwender anzufordern.

Besonderheiten gegenüber Unternehmern

---

[182] Eine spätere Einbeziehung ist zwar im Prinzip im beiderseitigen Einvernehmen möglich, aber nur sehr schwer: Schließlich gibt es für den Vertragspartner keinen Grund, nach Vertragsschluss noch für ihn ungünstige Geschäftsbedingungen zu akzeptieren.
[183] Palandt / *Heinrichs*, Bürgerliches Gesetzbuch, 62. Auflage, C.H. Beck, München 2003, § 305 – Rn. 31.
[184] Palandt / *Heinrichs*, Bürgerliches Gesetzbuch, 62. Auflage, C.H. Beck, München 2003, § 305 – Rn. 31.

3.3 Kollision mit gegnerischen Geschäftsbedingungen

Begriff der Kollision

Darunter versteht man, dass sowohl der Verwender seine Verkaufs-AGB einbeziehen möchte als auch der Vertragspartner seine Einkaufs-AGB.

Folgen der Kollision

Decken sich die AGB (seltener Fall), gilt der gemeinsame Inhalt. Enthalten sie aber Widersprüche, gilt folgendes: An die Stelle der sich widersprechenden Klauseln tritt das dispositive Recht des BGB oder HGB, also die übliche gesetzliche Regelung.[185] Daher ist jedenfalls bei größeren Geschäftsabschlüssen genau darauf zu achten, ob und welche AGB von der Gegenseite verwendet werden.

Beispiel

Beispiel: Der Käufer verwendet seine üblichen Bestellformulare, auf denen am Ende steht „Wir bestellen nur auf Grundlage unserer Allgemeinen Einkaufsbedingungen.". Der Verkäufer akzeptiert mit seiner allgemeinen Auftragsbestätigung, bei der ebenfalls auf der Vorderseite der Hinweis steht: „Wir liefern ausschließlich auf Basis unserer Allgemeinen Geschäftsbedingungen."

Hier liegt bereits ein Kollisionsfall vor, da beide Parteien versuchen, ihre jeweiligen AGB einzubeziehen. Damit gilt bei allen Klauseln, die sich widersprechen, das dispositive Recht des BGB und des HGB.

Keine „Theorie des letzten Wortes"!

Die oft zu hörende „Theorie des letzten Wortes" gilt also **nicht**: Es ist nicht so, dass dessen AGB gelten, der diese zuletzt einzubeziehen versucht. Vielmehr heben sich die AGB gegenseitig auf!

Achtung:

Achtung: Bei Kollision droht Rechtsverlust!

Kommt es zu einer Kollision der AGB oder werden so genannte Abwehrklauseln[186] verwendet, so **verliert der Verkäufer** in aller

---

[185] Ulmer/Brandner/Hensen/ Schmidt – *Ulmer*, AGB-Gesetz, 9. Auflage, O. Schmidt, Köln 2001, § 2 - Rn. 103; Graf von Westphalen, Allgemeine Verkaufsbedingungen nach neuem Recht, 4. Auflage, C.H. Beck, München 2002, S. 27.

[186] Beispiel: „Es gelten nur unsere eigenen AGB. Entgegenstehenden AGB des Vertragspartners wird ausdrücklich widersprochen."

Regel insbesondere **folgende** für ihn günstige und wichtige **Regelungspunkte**:

- Haftungsfreizeichnungen (im Bereich Sach- und Rechtsmängel sowie Lieferverzug und sonstigen schuldhaften Pflichtverletzungen)

- Übertragung des Wahlrechts bei der Nacherfüllung auf den Verkäufer

- Haftungsausschluss für unerhebliche Mängel

- Eigentumsvorbehaltssicherung (Ausnahme: einfacher Eigentumsvorbehalt)[187]

- Rechtswahlklausel

- Gerichtsstandsklausel

- etc.

Folgen einer Kollision für den Verkäufer

---

[187] Nach der Rechtsprechung des BGH bleibt im Falle einer Kollision der einfache Eigentumsvorbehalt deswegen bestehen, weil das Eigentum ohne Zustimmung des Verkäufers nicht übergehen kann. Ob diese Zustimmung vorliegt, muss meist durch Auslegung ermittelt werden. Daraus ergibt sich dann, dass sich der Verkäufer zumindest den einfachen Eigentumsvorbehalt nicht nehmen lassen will. In der **Insolvenz** des Käufers nutzt nur ein **umfangreicher Eigentumsvorbehalt** (einfacher, erweiterter, verlängerter, Verarbeitungs- und Vermischungsklausel etc.) etwas: Bei der wirksamen Vereinbarung eines **einfachen Eigentumsvorbehalts** kann der Vorbehaltseigentümer (hier der Verkäufer) in der Insolvenz des Käufers grundsätzlich *aussondern* (§ 47 InsO), sofern der Insolvenzverwalter sich nicht für die Erfüllung des noch nicht erfüllten Vertrages entscheidet (→ bei der Erfüllungswahl fiele nämlich das Eigentum an der Ware in die Insolvenzmasse, die Bezahlung erfolgt aus der Masse). Jedoch besteht stets die Gefahr, dass der Verkäufer zum Beispiel durch Verarbeitung oder Veräußerung der Ware durch den Käufer von Gesetzes wegen sein Eigentum an der Ware verliert. In diesem Fall kann der Verkäufer nicht mehr aussondern. Hier hilft die Vereinbarung von Verlängerungs- oder Erweiterungsformen des Eigentumsvorbehalts, denn dann steht dem Vorbehaltseigentümer ein *Absonderungsrecht* zu (analog § 51 Nr. 1 InsO). Im Gegensatz zum Aussonderungsberechtigten, der die Nichtzugehörigkeit des Gegenstandes zur Masse geltend macht, macht der Absonderungsberechtigte ein Recht auf bevorzugte Befriedigung aus einem Massegegenstand geltend; Absonderungsberechtigte sind zugleich Insolvenzgläubiger, soweit ihnen der Schuldner auch persönlich haftet (§ 52 InsO).

Umgekehrt hat **auch** der **Einkäufer erhebliche Einbußen** zu befürchten:

Folgen einer Kollision für den Käufer

- Aufrechterhaltung der eigenen weitreichenden Rechte
- Ausschluss der kaufmännischen Untersuchungs- und Rügeobliegenheit nach § 377 HGB
- Haftungsfreizeichnungen (im Bereich schuldhafter Pflichtverletzungen)
- Eigentumsvorbehaltssicherung (bei Beistellungen etc.)
- Rechtswahlklausel
- Gerichtsstandsklausel
- etc.

Ausweg: Rahmenverträge

Abhilfe kann in diesen Fällen der Abschluss eines so genannten **Rahmenvertrages** schaffen:

Bei einem Rahmenvertrag einigen sich die Parteien gewissermaßen auf einen Mittelweg. Jeder gibt ein Stück weit nach und kommt dem anderen entgegen. Folge ist ein ausgewogenes Vertragswerk, welches beide Parteien akzeptieren können und welches Regelungen enthält, die für beide Parteien unverzichtbar sind (wie etwa eine umfassende Eigentumsvorbehaltssicherung). Rahmenverträge empfehlen sich vor allem bei lang dauernden oder sehr haftungsträchtigen Geschäftsbeziehungen. Durch das individuelle Aushandeln liegen bei Rahmenverträgen zumeist keine AGB-Klauseln mehr vor.

Zusammenfassende Tipps:

> - Achten Sie auf die wirksame Einbeziehung Ihrer AGB.
> - Achten Sie darauf, dass Ihre AGB inhaltlich wirksam sind und alle relevanten Bereiche abdecken – lassen Sie deshalb Ihre AGB routinemäßig „kurzchecken".
> - Achten Sie darauf, dass die „Kollisionsfalle" nicht zuschnappt – wenn doch: Treffen Sie Rahmenvereinbarungen!

Praxistipp

3.4 AGB-Kontrolle

Da Allgemeine Geschäftsbedingungen nicht ausgehandelt werden, hat der Vertragspartner des Verwenders keinen Einfluss auf deren Inhalt. Deswegen ist er verstärkt schutzbedürftig. Diesen Schutz übernahm nach bisherigem Recht das AGB-Gesetz. Mit der **Schuldrechtsreform** wurde das AGBG in die §§ 305 ff BGB integriert.[188] Dabei gibt es folgende **Grundsätze** zum Schutz des Vertragspartners:

§§ 305 ff BGB als Schutzrecht für den Vertragspartner

> - Individualabreden haben immer Vorrang vor AGB.[189]
> - Überraschende und überrumpelnde Klauseln werden gar nicht erst Vertragsbestandteil.[190]
> - Können AGB-Klauseln auf unterschiedliche Art und Weise verstanden werden, gehen Zweifel bei der Auslegung immer zu Lasten des Verwenders.[191]
> - An die Stelle einer unwirksamen AGB-Klausel tritt das BGB oder HGB; keinesfalls werden die Klauseln auf den gerade noch wirksamen Inhalt zurechtgestutzt (Verbot der geltungserhaltenden Reduktion).[192]
> - Dazu werden noch bestimmte Klauselgestaltungen verboten.[193]

Einzelne Regelungen zum Schutz des Vertragspartners

Praxistipp

---

[188] Der formelle Teil des AGBG findet sich im UKlaG (Unterlassungsklagegesetz) wieder.
[189] § 305b BGB.
[190] § 305c I BGB.
[191] § 305c II BGB.
[192] § 306 II BGB.
[193] Die §§ 308, 309 BGB enthalten solche Klauselverbote. Viele davon gelten selbst im Verkehr zwischen Unternehmen über § 307 BGB.

Tipps und Hinweise:

Praxistipp

- „Die besten AGB sind diejenigen, die immer in der Schublade bleiben." Dieser Grundsatz ist so richtig wie irreführend: Denn AGB kommen zwar meist wirklich nicht zum Einsatz, wenn sie aber relevant werden, nutzen nur wirksame AGB etwas – und in diesen Fällen geht es fast immer um enorm viel Geld!
- Seit dem 01.01.2002 sind alte AGB in weiten Teilen unwirksam – verwenden Sie deswegen keinesfalls Ihre alten AGB oder alte AGB-Muster weiter!
- Lassen Sie Ihre AGB auf die Wirksamkeit hin überprüfen und lassen Sie eventuell Änderungen vornehmen!
- Selbst Verbands-AGB können problematisch sein: Achten Sie auf die Begleitschreiben, in denen teilweise auf problematische Stellen oder auf zu knappe Ausführungen sogar ausdrücklich hingewiesen wird.
- Seit dem 01.01.2003 sind auch Alt-Dauerschuldverhältnisse (Arbeitsverträge, Miet-, Pachtverträge, Abrufverträge etc.) nach dem neuen Recht überprüfbar – auch hier gibt es Anpassungsbedarf!
- Kurz: Betreiben Sie Risikomanagement auch im Vertragswesen.

3.5 Haftungsbeschränkung durch AGB im Bereich von Produktfehlern

Ein umfassender Überblick zum Thema der Haftungsbeschränkung findet sich in der Ausgabe der

Hinweis

Heidelberger Musterverträge Heft 112
Scherer / Vielreicher:
Haftungs- und Gewährleistungsklauseln in Allgemeinen Verkaufsbedingungen
Heidelberg 2002

Dargestellt werden neben den rechtlichen Grundlagen zur Sachmängelhaftung und zur Schuldrechtsreform auch umfangreiche Musterklauseln.

Beispiel: Die Waldmann GmbH verkauft einen gebrauchten Betriebs-Pkw mittels einer Zeitungsannonce an einen Privatmann. Im Kaufvertrag steht unter dem Punkt „Verjährungs- und Gewährleistungsfrist: Der Wagen wird gekauft wie besichtigt unter Ausschluss jeder Gewährleistung." Nach einem Jahr und 2 Monaten tritt an dem Auto ein Motorschaden zu Tage. Dem Käufer gelingt es, mittels eines Sachverständigengutachtens nachzuweisen, dass der Mangel bereits bei Übergabe durch die Waldmann GmbH bestanden hat.

Beispiel

Lösung: Die Waldmann GmbH muss für den Mangel einstehen und beispielsweise nachbessern. Grund ist, dass bei einem Verbrauchsgüterkauf die Sachmängelhaftung nicht komplett ausgeschlossen werden darf. Zulässig wäre bei gebrauchten Sachen aber eine Verjährungsverkürzung auf ein Jahr gewesen. Hätte die Waldmann GmbH ihre Haftung also im Kaufvertrag auf ein Jahr reduziert (statt sie unzulässigerweise ganz auszuschließen), hätte der private Käufer sie nach einem Jahr und zwei Monaten nicht mehr in Anspruch nehmen können.

In der Folge werden einige wichtige Punkte der Haftungsbeschränkung durch AGB angesprochen:

3.5.1 Haftungsbeschränkung durch den Einbau „kleiner Hürden"

Im unternehmerischen Verkehr sollte sich der **Verwender von Verkaufsbedingungen**

- das Wahlrecht bei der Nacherfüllung übertragen lassen und
- die Rechte des Käufers vom Vorliegen nicht unerheblicher Mängel abhängig machen.

„Kleine Hürden"

Beide Punkte sind vom BGH bislang noch nicht abgesegnet worden, dürften aber zulässig sein, sofern der Vertragspartner ebenfalls Unternehmer ist. Gegenüber Verbrauchern wären entsprechende Klauseln aber unwirksam (§ 475 BGB – Schutzmantel!).

Auf der Einkaufsseite sollte darauf geachtet werden, dass der jeweilige Vertragspartner diese kleinen Hürden gerade nicht in den Vertrag einbaut.

3.5.2 Haftungsbeschränkungen durch Haftungsbegrenzungen

3.5.2.1 AGB-Verwendung gegenüber Unternehmern

Eingeschränkter Prüfungsmaßstab

Allgemeine Geschäftsbedingungen, die gegenüber anderen Unternehmern verwendet werden, werden inhaltlich nur am Maßstab des § 307 BGB gemessen.[194]

Weitergehende Gestaltungsmöglichkeiten

Das bedeutet, dass im unternehmerischen Verkehr dem Vertragspartner weit mehr zugemutet werden darf, als bei Geschäften mit Nicht-Unternehmern. Zu beachten ist aber, dass viele Vorschriften in den §§ 308 und 309 BGB von der Rechtsprechung über § 307 BGB angewendet werden und somit über ein „Hintertürchen" doch wieder im unternehmerischen Verkehr gelten.

Haftungsausschlüsse

Die größte praktische Bedeutung haben sicherlich Klauseln, die einen Haftungsausschluss bezwecken.

Beispiel: „Jegliche Haftung auf Schadensersatz bei Produktfehlern ist im gesetzlich zulässigen Bereich ausgeschlossen, es sei denn, uns fällt Vorsatz zur Last."

Wichtig: Beachtung der Grundregeln für Haftungsausschlüsse

Diese Klausel ist *unwirksam*, da sie die **Grundregeln von Haftungsausschlüssen** nicht beachtet. Diese Grundregeln müssen ausdrücklich in die Klausel aufgenommen werden. Zu beachten sind insbesondere folgende Punkte:

---

[194] Vgl. § 310 BGB.

> - Kein Haftungsausschluss bei Vorsatz und grober Fahrlässigkeit, auch von gesetzlichen Vertretern und Erfüllungsgehilfen.
>
> - Kein Haftungsausschluss bei Verletzung von Leben, Körper und Gesundheit.
>
> - Kein Haftungsausschluss bei Abgabe von Garantien und Zusicherungen, sofern der Mangel gerade davon umfasst wird.
>
> - Kein Haftungsausschluss von Ansprüchen nach dem ProdHaftG.
>
> - Kein Haftungsausschluss bei Verletzung wesentlicher Vertragspflichten (Kardinalpflichten); hier ist nur eine Beschränkung der Haftung auf den vorhersehbaren (vertragstypischen) Schaden zulässig.
>
> - Hinweis darauf, dass mit der Regelung keine Beweislastumkehr (vgl. die unwirksame Klausel oben: „es sei denn") verbunden ist.
>
> - Auch der Aufwendungsersatz sollte in dergleichen Weise ausgeschlossen werden.

Grundregeln für Haftungsausschlüsse - ausdrücklich in Klauseln aufzunehmen!

3.5.2.2 AGB-Verwendung gegenüber Verbrauchern

Auch gegenüber Verbrauchern gelten für Haftungsausschlüsse und –begrenzungen die eben dargestellten Regelungen.

Die Schutzmantelnorm des § 475 BGB erstreckt sich nach ihrem Absatz 3 ausdrücklich nicht auf Schadensersatzansprüche. Das bedeutet, dass die Schadens- und Aufwendungsersatzhaftung im selben Umfang ausgeschlossen werden darf wie gegenüber Unternehmern.

Auch gegenüber Verbrauchern möglich

Bei der Verjährung dieser Ansprüche gilt dies aber nicht. Hier gelten weitergehende Einschränkungen. Dazu unten mehr.[195]

---

[195] Vgl. Ziffer 3.5.3.2

3.5.3 Haftungsbeschränkung durch Verjährungsverkürzung in AGB

Sinn: Risikosenkung durch kürzere Haft-Zeit

Verkürzt man die gesetzlichen Verjährungsfristen in zulässiger Weise, so steht man nicht mehr so lange in der Haftung und erreicht dadurch eine Absenkung des Risikos, sofern die Verjährungsverkürzung wirksam in den Vertrag einbezogen wird.

Am Einleitungsbeispiel wurde deutlich, wie wichtig eine richtige Formulargestaltung ist. Deswegen soll in der Folge kurz aufgezeigt werden, was bei Verjährungsverkürzungen im Bereich der Sachmängelhaftung zu beachten ist.

3.5.3.1 Verjährungsverkürzungen in AGB gegenüber anderen Unternehmern

Individuell sehr weitgehend zulässig

Durch eine *Individual*vereinbarung kann ein Unternehmer gegenüber einem anderen Unternehmer sowohl bei neuen als auch bei gebrauchten Sachen die Verjährung abweichend vom Gesetz verkürzen (schließlich wäre sogar ein kompletter Sachmängelhaftungsausschluss möglich).[196]

Anders bei AGB-Verwendung

Grundlegend anders sieht es bei Verwendung *Allgemeiner Geschäftsbedingungen* aus:

Bei neuen Sachen

- Bei *neuen* Sachen ist eine Verjährungsverkürzung **nicht unter ein Jahr** zulässig; handelt es sich um verkaufte Bauwerke oder „Baumaterial",[197] darf die Verjährung **nicht einmal unter fünf Jahre** verkürzt werden.[198]

Bei gebrauchten Sachen

- Bei *gebrauchten* Sachen dagegen ist eine Verjährungsverkürzung **grundsätzlich erlaubt**, schließlich wäre hier sogar ein Komplettausschluss der Sachmängelhaftung zulässig.[199]

---

[196] Die Grenze markiert § 444 BGB: Ein Haftungsausschluss oder eine –beschränkung ist unzulässig bei Abgabe einer Beschaffenheitsgarantie oder dann, wenn der Verkäufer einen Mangel arglistig verschweigt.
[197] Zum Begriff vgl. oben, Kapitel 2 Ziffer 5.
[198] § 309 Nr. 8 lit. a – ff BGB.
[199] § 309 Nr. 8 lit. a – ff BGB gilt hier nicht, weil diese Norm nur auf "neu hergestellte" Sachen abstellt.

3.5.3.2 Verjährungsverkürzung in AGB gegenüber Verbrauchern

Bei einem Verbrauchsgüterkauf hat der Unternehmer zwei Schranken zu beachten: Zum einen die „Schutzmantelnorm" des § 475 BGB, zum anderen erneut die AGB-Kontrollnormen der §§ 305 ff BGB.

Doppel-Schranke

Nach § 475 BGB darf ein Unternehmer bei neuen Sachen die Haftung nicht unter zwei Jahre verkürzen, bei gebrauchten nicht unter ein Jahr (dies gilt auch für Individualverträge!).[200]

Individuelle Verkürzung

Durch die §§ 305 ff BGB wird dies bei AGB-Verwendung zusätzlich verschärft:

Verkürzung durch AGB

> - Bei *neuen* Sachen darf ebenfalls **nicht unter zwei Jahre** verkürzt werden, sofern es sich um Bauwerke oder „Baumaterial" handelt aber **nicht einmal unter fünf Jahre**.[201]
>
> - Bei *gebrauchten* Sachen dagegen bleibt es bei der Möglichkeit der Verjährungsverkürzung **nicht unter ein Jahr**.[202]

Praxistipp

---

[200] § 475 II BGB; nach § 475 III BGB gilt dies nicht für den Ausschluss oder die Begrenzung von Schadensersatzansprüchen!
[201] § 475 II BGB und § 309 Nr. 8 lit. a – ff BGB kombiniert!
[202] Nur § 475 II BGB greift, § 309 Nr. 8 lit. a – ff BGB nicht, weil es nicht um „neu hergestellte" Sachen geht.

4. Zusammenfassung

Folgende Zusammenfassung stellt die wichtigsten Ergebnisse noch einmal dar. Zur besseren Einprägung sollten Sie sich in die Tabellen immer mit dem konkreten Beispiel des Autokaufs hineindenken:

Verbrauchsgüterkauf

Haftungsbeschränkung beim Verbrauchsgüterkauf

	Individuell	durch AGB
Kompletter Sachmängelhaftungsausschluss	Nicht möglich	Nicht möglich
Verjährungsverkürzung bei **neuen** Sachen	Nicht unter 2 Jahre	Grds. nicht unter 2 Jahre, aber bei gekauften Bauwerken und „Baumaterialien" nicht unter 5 Jahre
Verjährungsverkürzung bei **gebrauchten** Sachen	Auf 1 Jahr möglich	Auf 1 Jahr möglich

Unternehmer – Unternehmer

Haftungsbeschränkung zwischen Unternehmern

	Individuell	durch AGB
Kompletter Sachmängelhaftungsausschluss	Möglich. Ausnahmen: Arglist oder Garantie	bei **neuen** Sachen: nein; bei **gebrauchten** Sachen: ja
Verjährungsverkürzung bei **neuen** Sachen	Möglich. Ausnahmen: Vorsatztaten und Garantie	nicht unter 1 Jahr, bei Bauwerken und „Baumaterialien" etc. nicht unter 5 Jahre
Verjährungsverkürzung bei **gebrauchten** Sachen	Möglich. Ausnahmen: Vorsatztaten und Garantie	Möglich in den Grenzen des § 307 BGB

Privat – Privat

	Individuell	**Durch AGB**[203]	**Haftungsbeschränkung zwischen Privatleuten**
Kompletter Sachmängelhaftungsausschluss	Möglich Ausnahmen: Arglist oder Garantie	bei neuen Sachen: nein bei gebrauchten Sachen: ja	
Verjährungsverkürzung bei neuen Sachen	Möglich Ausnahmen: Vorsatztaten und Garantie	nicht unter 1 Jahr, bei Bauwerken und Baumaterialien nicht unter 5 Jahre	
Verjährungsverkürzung bei gebrauchten Sachen	Möglich Ausnahmen: Vorsatztaten und Garantie	Möglich in den Grenzen des § 307 BGB (Abweichung vom gesetzlichen Leitbild, unangemessene Benachteiligung)	

---

[203] Hinweis: Die rechte Spalte hinsichtlich der Modifikationen durch AGB ist im Bereich des Verkaufs zwischen Privatleuten de facto unbeachtlich. Der Grund: Privatleute verwenden in aller Regel keine AGB.

Stichwortverzeichnis

Die Zahlen verweisen auf die Seitenzahlen

A

Aliud 25, 40, 69, 160
Allgemeine Geschäftsbedingungen .... 166 ff
- AGB- Kontrolle 173
- Begriff 166
- Einbeziehung 168
- Kollision .... 170 ff.
- Musterklauseln 174
- Verwendung gegenüber Unternehmern 169, 176, 178, 180
- Verwendung gegenüber Verbrauchern 169, 177, 179, 180
- Verjährungsverkürzung.... 158 f.

Anscheinsbeweis .... 112 f.
Aufklärungspflicht 100
Aufwendungsersatz... 19, 28, 37, 60ff
„Ausreißer" 97, 112, 114
Äußerungen, öffentliche 32
Anpreisungen, öffentliche............ 33
Apfelschorf- Fall 106

B

Baumaterialien, Verjährung .... 62, 178 ff.
Bayer 17
Befundsicherungspflicht 111, 112, 116, 154
Behörden- Zulassung 118
Beobachtungspflicht 88, 93, 95,106, 109, 127, 150
Beschaffenheit .... 26 ff.
Beschaffenheitsgarantie 29, 83
Beweislast ...... 13, 85, 111 ff., 153 ff.
Beweislastumkehr
..... 11, 46, 57, 67 f. 71, 73, 85, 112 ff
Beweissicherung 13
Boten 14

C

CE- Kennzeichnung .... 119, 135 ff.
Computerfax 15

D

Dienstvertrag 8
Dokumentation.. 13, 26, 44, 114, 139
Doppelbelastung 58
Durchgriffshaftung .... 19 ff., 90

E

Eigenschaft, zugesicherte 28
Einschreiben mit Rückschein 14
Einwurfeinschreiben 14
E- Mail 15
Empfangsbestätigung 15
Entlastungsbeweis ...... 58, 114, 143 f.
Entlastungsbeweis, dezentralisierter 144
Ersatzlieferung 42

F

Fabrikationsfehler .... 96 f., 106
Fehler 17, 26
Feuerwirbel- Fall 105

G

Garantie ....
10, 28 f., 57, 67 f., 74 f., 80 ff.
Gebrauchsanleitungen 98
Gefahrabwendungspflicht 90
Gefahrübergang 24, 68, 73
Geräte- und Produktsicherheitsgesetz (GPSG) .... 119 ff.
- Anzeigepflicht 128
- Befugnisse der Behörden 130 ff.
- Informationspflicht 126

- Identifikationspflicht........... 126
- Kernregelungen................ 125 ff.
- Produktbeobachtungspflicht 127

Gewährleistung............................ 10
GS- Kennzeichnung.................... 134

H

Haftungsausschluss.......... 159 ff., 176
Haftungsbeschränkungen .... 165 ff.
- gesetzliche .... 159 ff.
- individualvertragliche 165
- durch AGB...................... 166 ff.

Haftung nach dem ProdHaftG 147 ff.
Haftung, deliktische.................. 88 ff.
Haftungsrisiken............................ 21
Haltbarkeitsgarantie............... 67, **83**
Handelsgewerbe........................... 11
Handelskauf......................... 45, 160
Handelsregister 11
Honda- Fall **108**, 118, 127
Hühnerpest- Fall........................... 96

I

„IKEA- Klausel".................... 25, 38
Instruktions- und Informations-
pflicht................. 93, 98, 100 ff., 154
IT- Branche............... 38, 50, 92, 149

K

Kaufmann 11
Kaufvertrag................... **7 ff**, 10, 19
Kleingewerbetreibende 11
Konformitätsvermutung............. 135
Konstruktionsfehler ....**94 ff.**

L

Lieferkette................ 12, 76, 89, 148
Lieferzeitgarantien 83
„Lipobay".................................... 17

M

Mangel.................................25 ff.

Mangelschaden 58
Mangelfolgeschaden 58
Marktbeobachtungspflicht 109
Marktüberwachungssystem......... 131
- Maßnahmenkatalog...........131 ff.

Mehrwegflaschen- Fall 115
Mineralwasserflaschen-
Entscheidung............................. 155
Milupa I 99
Milupa II 101
Minderung................46, **55 f.**, 63
Mindeststandard......................... 118
Mindestqualitätsmaßstab............ 120
Mindestqualitätsvorschriften....... 120
Montagemängel............................ 37
Montageanleitung, mangelhafte.... 38

N

Nachbesserung...........46 ff., 84, 159
Nacherfüllung ....49 ff.
Nacherfüllung, Entbehrlichkeit..... 51
Nacherfüllung, Frist zur ......52, 55 ff.

O

Öffentliche Äußerungen.............32 f.
„*O.J.Simson"- Fall*........................ 7
Organisationsverschulden 141

P

Pferdeboxen- Fall 94

Positiv- Empfehlungen............... 109
Preloss- Risk- Management 16
Produkthaftung nach dem
ProdHaftG .... 18, 20, **147 ff.**
- Ansprüche 148
- Beweislastverteilung 153
- Produktbegriff..................... 149
- Fehlerbegriff 150
- geschützte Rechtsgüter........ 151
- Haftungsausschlüsse ....155 f.
- Haftungsumfang und –
  Begrenzungen.................... 157
- Instruktionsfehler 154

- Konstruktionsfehler 154
Produktbeobachtungspflicht ....
.... 95, 106, 109, 118, 127, 150
Produktsicherheit .... 119 ff., 140, 150
Produzentenhaftung, deliktische
.... 88 ff
- Beweislastverteilung und Verschulden .... 111 f.
- Beweislastumkehr ..... 73, 112 ff.
- Entwicklungsfehler 95
- Fabrikationsfehler 96
- Instruktionsfehler 98
- Konstruktionsfehler 94
- Produkt, Begriff 92
- Produktbeobachtungsfehler. 106
- Produktfehler, Begriff 92
- Zurechnungszusammenhang 110
Prüfungspflicht .... 166 ff.

R

Rechte des Käufers bei Sachmängeln .... 46 ff.
Rechtsmängel 43
Reißwolf- Fall 101
Risikoverringerung durch Haftungsbeschränkungen .... 158 ff.
Risk-Management 17
Rückgriff des Unternehmers ..... 76 ff.
Rückruf .... 3, 93, 110, 125 ff., 132
Rücktritt .... 51 ff.
- Voraussetzungen 51
- Rechtsfolgen 53
- Verjährung 63
Rügepflicht, kaufmännische
.... 41, 45, 166 ff.

S

Sachmängelhaftung 6, 10, 19, 22 ff.
Sachmangel .... 25 ff.
- Aliudlieferung 40
- Beschaffenheit .... 26 ff.
- Eignung für die gewöhnliche Verwendung 31
- Eignung für die vertraglich vorausgesetzte Verwendung . 30

- mangelhafte Montageanleitung 38
- Montagemängel 37
- Öffentliche Äußerungen 32
- Rechte des Käufers 46
- unerhebliche Mängel 41
- Verjährung .... 61 ff.
- Zuweniglieferung 40
Sachmängelhaftung, Abgrenzung zur Garantie 28
Sammelklagen 17
Schadensersatz .... 57 ff.
Schmerzensgeld 117, 151, 157
Schuldrechtsmodernisierungsgesetz 6
Schutzgesetzverletzung 146
Schutzmantelfunktion 71
Strafrecht 7
Streckengeschäft 162

T

Technische Arbeitsmittel .... 120 f.
Telefax- Schreiben 15
Telefax- Sendungen 15
TÜV- Abnahme 118

U

Überwachungsbedürftige Anlagen 120, 123
Unternehmer, Begriff 70
Unternehmer, Rückgriff 76
Untersuchungspflicht, kaufmännische .... 166 ff.

V

Verbraucher, Begriff 70
Verbrauchsgüterkauf 70
Verjährung .... 61 ff., 117
- Beginn 71
- Fristen 61, 72
- Hemmung und Unterbrechung, Neubeginn 64
- Verkürzung 65
Verkehrssicherungspflichten ..... 90 ff.

Verrichtungsgehilfen .... 142 ff.
- Auswahl 143, 145
- Entlastungsbeweis .... 143 f.
- Haftung für .... 142 ff.
- Überwachung 143, 145

Verschleiß .... 43 f.
Verschulden .. 19 f., 57, 60, 90 f., 149
Verschuldensvermutung 28

W

Wahlrecht des Käufers 46
Wandelung 51
Warenendkontrolle 115, 150, 163
Warenhersteller, Pflichten .... 93 ff.
Warnungen .... 98 ff., 126, 130
Werbeaussagen .... 32, 35 ff.
Werkvertrag 8
Werklieferungsvertrag 9, 24

Z

Zahlungsgarantien 83
Zeugen 14
Zubehör .... 108 ff.
- allgemein gebräuchliches 109
- empfohlenes 109
- notwendiges 109

Zugesicherte Eigenschaft .... 28 f.
Zurechnungszusammenhang 110
Zusicherung .... 28 f.
Zuweniglieferung 25, 40
Zuviellieferung 41

Prof. Dr. jur. Josef Scherer
Richter am Landgericht a. D.

Prof. Dr. jur. Josef Scherer ist seit 1996 Professor für Wirtschaftsprivatrecht und Unternehmensrecht, insbesondere Risiko- und Krisenmanagement, Sanierungs- und Insolvenzrecht an der Fachhochschule Deggendorf. Zuvor arbeitete er als Staatsanwalt und Richter am Landgericht Landshut in einer Zivilkammer und einer Kammer für Baulandsachen. Neben seiner beruflichen Tätigkeit als Cooperationspartner der Rechtsanwaltskanzlei Dr. Drosdek Dr. Rieger & Coll. in Deggendorf, Straubing und Regensburg, erstellt er wissenschaftliche Rechtsgutachten und ist Vorstandsvorsitzender des Instituts für Mittelstandsberatung IFM AG. Seit 2001 arbeitet er auch als Insolvenzverwalter in verschiedenen Amtsgerichtsbezirken. Seit 2004 ist er zudem Strafverteidiger vor allem in Wirtschaftsstrafsachen.

Prof. Dr. Josef Scherer ist gesuchter Referent unter anderem beim Fachanwaltslehrgang für Insolvenzrecht, bei Managementschulungen im Rahmen der IFM-AG und des BayTech-Management-Centers, bei zahlreichen Inhouse-Schulungen in namhaften Unternehmen und Konzernen sowie im Weiterbildungsprogramm des Senders BR-alpha.

Forschungs- und Tätigkeitsschwerpunkte:
Vertragsrecht, Produkthaftungsrecht, Kreditsicherungsrecht, Sanierungs- und Insolvenzrecht, Forderungsmanagement, Managerhaftung

Zahlreiche Publikationen auf den Gebieten:
Arbeitsrecht, Baurecht, Gesellschafts-, Europa- und Kreditsicherungsrecht, Recht der Allgemeinen Geschäftsbedingungen, Insolvenzrecht.

Johannes Friedrich
Rechtsanwalt

Rechtsanwalt Johannes Friedrich studierte Rechtswissenschaft an der Universität Passau.

An der Fachhochschule Deggendorf erhielt er 2003 einen Lehrauftrag für Unternehmensrecht. Er hält Vorträge für die IFM AG, im Rahmen des Bay-Tech-Management-Centers sowie bei diversen Inhouse-Schulungen in Unternehmen, wo er als Berater für die Bereiche Vertragscontrolling, Qualitätssicherung und Produkthaftung besonders gefragt ist.

Als Rechtsanwalt ist er in der Kanzlei für Wirtschaftsrecht Dr. Drosdek Dr. Rieger & Coll. in Deggendorf tätig.

Derzeit promoviert er zur Thematik der Auswirkungen der Schuldrechtsreform auf die Vertragsgestaltung und das Recht der Allgemeinen Geschäftsbedingungen unter besonderer Berücksichtigung des Zentralregulierungsgeschäfts von Einkaufsverbänden.

Interessenschwerpunkte:

Produkthaftungsrecht,
Vertragsrecht,
Versicherungsrecht,
Strafrecht

Peter Schmieder, Dipl. Theol. Univ.
Wirtschaftsmediator, Managementtrainer

Peter Schmieder studierte Theologie an der Universität Regensburg. 1992 / 93 vertiefte er seine Studien im Master of Divinity-Program an der renommierten University of Notre Dame, USA mit den Schwerpunkten Homiletik, Rhetorik, Supervision, Krisen- und Konfliktkommunikation und Mediation.

Ausbildung zum Mediator (BFMK) am Institut für Mediation und Konfkliktmanagement, München. Ausbildung zum NLP-Practitioner in den USA und in Regensburg. Fortbildungen zu Zeitmanagement sowie Kommunikations- und Diskussionstraining.

Peter Schmieder ist Cooperationspartner der Kanzlei für Wirschaftsrecht Dr. Drosdek Dr. Rieger & Coll. in Deggendorf, Straubing und Regensburg, sowie in der Insolvenzverwaltung Prof. Dr. jur. Josef Scherer, für die er als Projektleiter mit verschiedenen Insolvenzplanverfahren betraut ist.

Darüber hinaus ist er ein gefragter Dozent im Rahmen der BayTech Managementschulungen und der Vorlesungsveranstaltungen an der Fachhochschule Deggendorf.

Tätigkeitsschwerpunkte:

Wirtschaftsmediation, Harvard-Verhandlungstechnik, Psychosoziale Unternehmensberatung, Konflikt- und Krisenmanagement, NLP, Kommunikation, Rhetorik, Coaching

Christina Koller
Rechtsreferendarin

Christina Koller studierte Rechtswissenschaft an der Universität Regensburg. Derzeit absolviert sie neben dem Rechtsreferendariat die Zusatzausbildung Unternehmenssanierung mit den Schwerpunkten Sanierung, Reorganisation und Liquidation von Unternehmen an der Universität Regensburg.

Im Jahr 2000 erhielt sie einen Lehrauftrag für Arbeitsrecht und Berufsbildungsrecht, Kaufvertragsrecht sowie Handelsrecht und Gesellschaftsrecht an der bps Bildungs- Personalentwicklungs- und Service GmbH in Deggendorf.

Seit 2001 ist sie in der Insolvenzverwaltung Prof. Dr. jur. Josef Scherer in Straubing mit verschiedenen Planverfahren und Sanierungen betraut.

Darüber hinaus agiert sie als Dozentin im Rahmen spezifischer Vorlesungsveranstaltungen an der Fachhochschule Deggendorf.

Seit 2002 ist sie für die Kanzlei für Wirtschaftsrecht Dr. Drosdek Dr. Rieger & Coll. in Deggendorf, Straubing und Regensburg tätig. Ein Tätigkeitsschwerpunkt liegt unter anderem in der Konzeption und Betreuung des Aufbaus und der Implementierung von Risikomanagement-Systemen in Unternehmen.

Daneben ist sie mit den Aufgaben des Kanzleimanagements und Marketings betraut.

Markus Scholz
Rechtsanwalt

Rechtsanwalt Markus Scholz studierte Rechtswissenschaft an der Universität Passau.

Bei verschiedenen Rechtsanwaltskanzleien sammelte er praktische Erfahrungen, vor allem auf den Gebieten Arbeitsrecht und Sozialrecht, Verkehrsrecht und Mietrecht.

An weiterführenden Bildungseinrichtungen arbeitet er als Dozent für Neues Schuldrecht mit den Schwerpunkten Verjährungsrecht, Sachmangelhaftungsrecht und Verbraucherschutzrechte.

Seit 2003 ist er als Rechtsanwalt und Cooperationspartner der Kanzlei Dr. Drosdek Dr. Rieger & Coll. tätig.

Interessenschwerpunkte:

Arbeitsrecht,
Versicherungsrecht,
Schadensrecht,
Miet- und Pachtrecht,
Verkehrsrecht

Veröffentlichungen:

Herr Scholz arbeitet an verschiedenen Publikationen im Bereich seiner Interessenschwerpunkte.

Scherer / Friedrich / Schmieder / Koller

Wer den Schaden hat . . .

Unverzichtbares Praxiswissen zur Vermeidung der Produktfehlerhaftung

Band 2

aus der **Reihe Wirtschaftsrecht für Praktiker**
rtw medien verlag, Deggendorf 2004

ISBN 3-937520-01-5

Ein unverzichtbarer Praxisratgeber im Bereich der Produktfehlerhaftung für alle Unternehmer, Manager, Qualitätsmanager, Mitarbeiter in den Abteilungen Forschung & Entwicklung, Beschaffung & Produktion, Vertrieb & Kundendienst, Marketing, Finanzen und Recht.

- leicht verständliche Beispiele,
- aktuell und praxisnah,
- zahlreiche Checklisten,
- Übersichten,
- Beispielsfälle,
- Vertiefungshinweise,
- Musterformulierungen und Praxistipps,
- Einbeziehung der neuesten Rechtsprechung
- besondere Berücksichtigung des Schuldrechtsmodernisierungsgesetzes und der Schadensrechtsreform 2002.

Aus dem Inhalt:

- Strategien zur Vermeidung und Verringerung wachsender Risiken im Bereich der Produktfehlerhaftung
- Risikomanagement im Bereich der Produkthaftung:
- Haftung der Zulieferer
- Haftung der Montageunternehmer
- Haftung der Franchisenehmer
- Haftung des Händlers
- Qualitätssicherungsvereinbarungen
- Beweislastverteilung
- strafrechtliche und zivilrechtliche Verantwortlichkeit von Managern und Abteilungsleitern
- Risikoverringerungsmöglichkeiten durch gesellschaftliche Gestaltungsmöglichkeiten
- Produkthaftpflichtversicherungen
- Risikoverringerung durch Dokumentation
- Internationale Produkthaftung